고독의
매뉴얼

고독의
매뉴얼

라깡, 바디우,
일상의 윤리학

백상현

위고

à Jisuk

프롤로그

———

포스트모던이라 불리던 지난 세기는 우리에게 삶에 관한 더 이
상의 미스터리는 없다는 것을 알려주었다. 이제 모두가 삶의 허
망함에 관하여 알고 있으며, 그것을 잊기 위해 가족을, 연인을,
동지를, 술과 텔레비전을, 명성을, 때로는 애꿎은 신을 욕망한다
는 것도 알고 있다. 이 모든 것을 알면서도 헛된 욕망을 멈추지
않는 이유는 삶이 전개될 수 있는 다른 길이 존재하지 않는다는
사실 또한 잘 알기 때문이다. 삶은 그렇게 우리가 아는 그대로이
며, 영원히 그러할 것이라는 사실을 의심하는 것은 철지난 사변
적 논쟁이 되어버린 지 오래다.

그런 의미에서 삶의 의미에 관한 지식 하나를 덧붙이는 것은 무
의미해 보인다. 어떻게 욕망을 조직하고 삶을 꾸려나갈 것인지
에 관한 양자물리학 수준의 디테일을 뽐내는 처세술들은 이미

서점가에 넘쳐나기 때문이다. 그래서 필자가 이 '또 한 권의 책'에서 말하고자 하는 바는 다른 것이었다. 그것은 삶에의 지식이 아닌 죽음에의 지식, 무지에 관한 지식, 무의미의 의미 또는 사라짐의 욕망에 관한 욕망이었다.

어떻게 완벽히 사라질 것인가? 아마도 이 책의 주제는 그렇게 말해질 수 있겠다. 어떻게 죽어갈 것인가? 물론 이것은 거창한 죽음, 삶의 마지막 순간에 찾아오는 영웅적인 종말에 관한 이야기가 아니다. 그보다는 작은 죽음들, 삶이라는 거대한 환영으로부터 빠져나가는 매 순간의 소멸들에 관한 것이다. 우리의 앎에 의해 건설된 선명한 세계의 이미지로부터 빠져나가는 불확실성의 장면들에 관한 것이며, 그로부터 출현하는 유령들, 증상들에 관한 것이다.

우리 자신이 누구인지, 살았는지 죽었는지, 여자인지 남자인지 더 이상 확신할 수 없게 만드는 불안의 감정은 진리의 전령들이다. 굳게 믿어왔던 세계의 단단함에 균열을 내는 사건은 도래할 더 큰 세계의 최초의 한 자락이다. 마치 정신분석가를 찾아온 환자의 혼돈스러운 감정이란 내일의 새로운 자아를 창안해낼 어지럽지만 활력 넘치는 마음의 재료들인 것과 마찬가지로. 그리하여 나를 소멸시키는 기술은 나를 창안하기 위한 조건이 된다. 죽음을 욕망하는 것은 삶을 욕망하기 위한 전제이다.

그래서 이 책은 삶의 전개가 아닌 중단의 순간들을, 희망이 아닌 절망한 자들의 세계관을, 소통이 아닌 고립과 고독의 매뉴얼을 소개한다. 만일 우리의 삶이 이면에 감춰진 진실을 찾아 나서는 추리소설적 탐사의 여정과 같은 것으로 은유될 수 있다면, 이 책의 주인공은 그러한 탐사의 여정에서 오히려 실종되는 탐정들이다. 그런 식으로 전통적 인생-추리소설의 문법 자체를 거부하는 책의 이야기가 드러내고자 하는 것은 죽음과 소멸 자체의 아름다움이다. 왜냐하면 아름다움 또는 매혹의 정서만큼이나 진리의 잔혹함을 견디게 해주는 묘약은 없기 때문이다.

물론 진리는 없다. 혹은 그것은 없음의 형식으로 있다. 지난 세기의 인문학이 우리에게 남겨준 최고의 유산은 '진리가 존재하지 않는다는 진리'였으며, 그럼에도 진리를 사유하려 한다면 진리의 공백을 견뎌내야 한다는 사실에 관한 지식이었다. 이러한 견딤은 한 시대의 고정관념이 미끼로 던지는 사이비 진리들, 충만한 의미의 쾌락을 좇는 것보다 훨씬 어렵다. 왜냐하면 진리의 텅 빈 자리를 지탱하면서 그곳에서 자신만의 절대적 차이를 진리로서 생산해내야 하는 요청을 떠맡아야 하기 때문이다. 게다가 이러한 생산은 자기 자신의 신념과 정체성에 대한 포기를 요구한다. 간단히 말해서 죽음을 요구하는데, 진리의 그와 같은 잔혹함을 견뎌낼 의지가 우리에게는 없다. 그러나 매혹될 수는 있다. 라깡은 이것을 욕망이라고 불렀다. 죽음에의 매혹, 텅 빈 것에의 매혹. 그리하여 자신을 텅 비게 하는, 공백에의 동일시.

이 책은 바로 그러한 매혹들에 관한 이야기를 담았다. 어느 평온했던 날 오전 문득 찾아온 섭식장애의 증상이, 또는 한밤중에 잘못 걸려온 전화 저편의 낯선 목소리가 존재를 소멸시키는 방식으로 누군가의 인생을 바꾸게 되는 이야기. 우연히 펼치게 된 낡은 화집의 한 장의 이미지로 인해서 세계를 거꾸로 횡단하게 될 어느 소년의 이야기. 그것은 흔들림의 쾌락, 망설임의 우아함에 매혹당한 주체들의 이야기이며, 빈혈처럼 찾아온 현기증의 아득함에 몰두했던 주체들의 이야기이다.

이제 시작될 책의 이 모든 이야기들을 횡단하면서 필자가 희망했던 것은 다음과 같다. 책이 흔들리는 방식으로 당신들도 흔들리기를. 필자를 찾아온 유령들에 독자 역시 매혹되기를. 그리하여 일상을 지배하던 고정관념의 독재가 멈추고 새로움에 관한 사유가 가능해지기를.

차례

프롤로그

1장 절망한 자들의 세계관
코난 도일의 유령 15
코난 도일 ◇ 홈즈-왓슨 21
추리소설로서의 삶 26
누가 세바스천 나잇에 관하여
말하고 있는가 31
공백을 먹는 여자 38
짝수 논리의 인생 소설 53
근본환상과 공백 63
고흐의 〈해바라기〉와 환상의 횡단 68
라깡의 유령 77

2장 고독의 절차
세계는 완고하며, 사건에 저항한다 83
매혹에 관한 지식 90
신의 언어, 언어의 음모 96
미로의 기만 102
삶의 멱집합 106
다시 미로 속으로 109
탐정의 고독 112
주체의 고독 114
고독의 선택 117

3장 유령적 욕망의 자리
안티고네의 유령 127
드라마의 비누 기능 130
남성적 욕망의 초과점 133
거울 보는 여자 143
신디 셔먼의 기울 148
안티고네의 섬광 154
우리 시대의 안티고네는 누구인가 157

4장 아름다움이 선보다 멀리 간다
매혹 163
사유를 몰락시키는 이미지 167
아름다움은 상실을 은폐한다 170
의미를 담는 항아리 176
멜랑꼴리, 우울증의 파국을 연기하는 기술 181
아름다움의 여정 184
공의 미혹 189
침묵의 세계 풍경 191

에필로그

1장

절망한 자들의 세계관

코난 도일의
유령

영국의 빅토리아 시대였던 1887년, 포츠머스 시의 변두리 사우스 시에서 개업한 어느 의사가 『주홍색 연구』라는 제목의 중편소설을 발표한다. 의사가 소설을, 그것도 통속적인 추리소설을 쓰기 시작한 이유는 간단했다. 환자가 없어 시간이 남아돌았고, 그리고 돈이 필요했기 때문이다. 몇 년 뒤, 소설의 후속편들이 점차 세상에 알려지기 시작하면서 의사는 글 쓰는 일이 수술보다 더 돈이 된다는 사실을 깨닫게 된다. 그렇게 해서 의사는 전업 작가가 되었는데, 그가 바로 추리 문학의 대가 아서 코난 도일이다. 그가 창조한 소설 속 주인공 셜록 홈즈는 빅토리아시대의 실증적 과학주의의 매력과 모순을 동시에 소유한 인물로 이후 추리 문학 장르의 전설적 캐릭터가 된다. 논리를 추구하며, 검증 가능한 '진실'만을 '진리'로 받아들이는 홈즈라는 인물은 철학이나 전통 문학, 신학 따위에는 전혀 관심이 없는 사람으로 묘사된다. 반면 홈즈는 열대식물학이나 화학, 지질학, 독극물학, 형법, 그리고 통속 범죄 문학에 조예가 깊고 권투와 펜싱 등의 스포츠에 능한 인물로 그려진다. 형이상학에 대한 경멸과 경험적 실증성에 대한 신뢰를 표상하는 빅토리아 시대의 아이콘으로 그려지는 홈즈는 실용주의 정신을 대표한다. 영국의 경험론적 회의주의 철학자 데이비드 흄이 탐정으로 둔갑해 소설 속에 등장하는 듯한 느낌마저 주는 홈즈의 이미지에는, 그러나 그리 간단하게 환원되지 않는 이면이 있다. 그것은 바로 명탐정 홈즈가 다름 아닌 코카인 중독자였다는 사실과 관련이 있다.

LSD, 아편, 알코올 등과는 달리 코카인은 의식을 더욱 선명하게 하는 것으로 알려져 있다. 개인적 망상을 강화하며 사회성을 제한하는 마약의 일반적 환각 효과와는 달리 코카인은 오히려 타자와의 관계를 적극적인 것으로 만들어준다. 그런 의미에서 알코올과 아편이 낭만주의를 대표하는 마약이라면 코카인은 빅토리아 시대의 이성-자본 중심의 시대를 대표하는 마약이다. 만일 아편을 반-공동체적 마약이라고 부를 수 있다면, 코카인은 공동체의 마약이다. 그것은 의식의 확장이 보편성의 고정점들을 초과하지 않는 방식으로 정신을 자극한다. 그러나 마약은 그럼에도 마약일 뿐이다. 약물이 주는 각성 효과 속에서 세계는 과도하게 선명해지며, 이러한 시각적 선명힘의 긴장을 정신은 버텨낼 수 없다. 코카인이란 그렇게 시각적 대상들의 외곽선을 날카롭게 만드는 효과 속에서 약물 복용자의 정신을 난도질한다. 이처럼 코난 도일은 셜록 홈즈를 뛰어난 판단력과 통찰력에도 불구

잡지 『스탠드Stand』의 삽화가 시드니 패짓이 그린 셜록 홈즈.

하고, 바로 이러한 지성을 극대화하기 위해 스스로를 마약으로 파괴하는 우울한 인물로 묘사하고 있다.

흔히 말하듯 소설의 주인공이 작가의 분신이라면, 여기서 우리는 홈즈와 코난 도일의 관계를 동일시의 관점에서 파악해볼 수도 있을 것이다. 첫 소설을 발표한 1887년 당시 코난 도일은 젊은 안과 의사였다. 그러나 1887년이라는 시점은 코난 도일에게 홈즈 시리즈의 출발이라는 사실 못지않게 중요한 또 다른 의미를 갖는데, 그가 이 시점부터 심령술 연구에 빠져들었기 때문이다. 당시 스물여덟 살이던 안과 의사 코난 도일은 인간 정신의 텔레파시를 본격적으로 연구하기 시작한다. 이 같은 연구는 죽은 자들의 세계와 산 자들의 세계를 연결하는 영매의 존재를 과학적으로 증명하려는 목적을 가지고 있었는데, 코난 도일은 1916년 영국의 심령 잡지 『라이트Light』에 당시까지의 연구 결과를 토대로 영혼의 존재를 인정하는 글을 기고하기도 했다. 흥미로운 것은, 1916년은 1차 세계대전 중이었으며 당시 코난 도일은 종군 기자로 최전방의 소식을 전하는 임무를 수행하고 있었다는 사실이다. 삶과 죽음이 촌각을 다투는 전쟁터에서 그가 진정으로 전하고 싶었던 것은 산 자들의 소식이 아니라, 죽음 너머의 세계, 영혼들의 세계의 소식이었다.

1887년은 그와 같은 모순이 본격적으로 시작되는 시기였다. 이성과 합리성의 화신인 셜록 홈즈라는 인물이 탄생한 시기인 동

At Carnegie Hall, April 12th Eve., 18th Matinee, 21st Eve.

LEE KEEDICK *presents*

SIR ARTHUR CONAN DOYLE

Famous English Novelist, Author of the "Sherlock Holmes" mystery stories, whose investigations of Life after Death have aroused world-wide interest.

In a course of three lectures on **"The New Revelation"**

1. The Scientific Side.   2. The Religious Side.   3. Recent Psychic Evidence.
(Illustrated)

MAIL ORDERS FOR ENTIRE COURSE.   NO SINGLE TICKETS SOLD NOW.

MR. LEE KEEDICK,   *Telephone, Murray Hill 398*
437 FIFTH AVENUE, NEW YORK

I desire................................tickets for the series of three lectures by SIR ARTHUR CONAN DOYLE at Carnegie Hall, for which I enclose ....Dollars.

PLEASE SEND TICKETS TO

NAME..................................

ADDRESS..................................

The prices for the series of three lectures, including war tax, are as follows:

First Tier Boxes	$82.50	Dress Circle (First 2 rows) 6.60	Balcony (Next 3 rows) $3.30
Second Tier Boxes	49.50	Dress Circle (Remaining rows) 4.95	Balcony (Remaining rows) 2.49
Orchestra (First 20 rows)	8.25	Balcony (First 2 rows) 4.95	Gallery (First 2 rows) 2.49
Orchestra (Remaining rows)	6.60		Gallery (Remaining rows) 1.65

Exclusive Management LEE KEEDICK, 437 Fifth Avenue, New York

코난 도일의 심령학회 연설을 광고하는 포스터.
코난 도일은 '파리 국제 심령술 연맹'의 명예 회장이기도 했다.

시에, 정작 그를 창조한 작가 자신은 합리주의를 경멸하듯 신비주의에 몰입하게 되는 모순의 시기. 셜록 홈즈와 코난 도일을 거울 관계의 위상학 속에서 파악해본다면, 홈즈의 코카인 중독은 코난 도일의 심령과학에의 몰입과 중첩된다. 홈즈에게 코카인이 이성의 선명함을 강화시키는 동시에 그러한 선명함이 오히려 스스로를 파괴의 지점으로 몰아가는 모순을 보여주었다면, 코난 도일에게 역시 심령과학은 과학의 논증을 통해 논증 가능성의 영역을 넘어서려는 모순적 탐사의 실천에 다름 아니지 않은가? 심령과학이란 과학 자체의 이름으로 과학을 부정하는 실천이다. 그것은 과학의 선명함이 넘어서지 말아야 하는 영역으로 진입하는 순간 등장하는 온갖 우스꽝스런 소동의 시작점이다. 그것은 과학 자체의 한계를 인정하지 않는 과학의 망상증일 뿐이다(심령과학은 종교가 아닌 과학임에 주목하라!). 그런 의미에서 작가 코난 도일과 그의 창조물 셜록 홈즈는 교묘한 방식으로 서로를 닮았다고 할 수 있으며, 둘은 작가와 창조물이라는 흔한 거울관계의 도식 속에서 쉽사리 이해될 수도 있다. 그러나 사태는 그리 간단하지 않다. 특히 홈즈라는 인물의 탄생 배경과 이후 코난 도일이 그를 다루는 방식을 고려한다면, 둘의 관계를 단순한 닮은꼴의 관계로만 볼 수 없다는 사실을 알게 된다.

코난 도일

◇

홈즈-왓슨

잘 알려진 것처럼 코난 도일은 홈즈 시리즈로 상당한 명성을 얻게 되었지만 그럼에도 자신의 주인공을 그리 탐탁지 않게 여겼다고 한다. 표면적인 이유는 그가 통속 추리소설보다는 역사소설이나 정통 문학 작가로 기억되기를 원했기 때문이라고 한다. 하지만 보다 근원적인 이유를 추론해보자면, 이미 심령술의 세계에 깊이 빠져들었던 코난 도일의 세계관과 홈즈의 선명한 합리적 세계와의 대립이 있다. 결국 홈즈 시리즈의 마지막으로 계획된 『최후의 사건』에서 홈즈를 폭포에 떨어져 사망한 것으로 마무리한 코난 도일은 그날 일기에 "홈즈를 죽였다"라고 담담히 적는다. 영국과 유럽에만 수십만의 독자를 확보하며 코난 도일을 일약 통속 추리 문학의 스타로 만들기 위해 악당들과 싸우며 고군분투했던 셜록 홈즈는 그렇게 자신을 태어나게 했던 아버지에 의해 죽임을 당하고 말았는데, 그러나 이어지는 사태는 작가의 예상을 뛰어넘었다. 우선 독자들의 반응이 생각보다 감상적이었다. 셜록 홈즈를 살려내라는 요구가 격렬했던 것이다. 게다가 코난 도일의 이후 작품들은 셜록 홈즈 없이는 제대로 된 글이 나올 수 없다는 것을 증명이나 하듯 별다른 반응을 얻지 못한다. 그리하여 '홈즈 살해' 이후 여러 조건들은 홈즈를 다시 살려낼 수밖에 없는 방향으로 흘러갔다. 여기서 흥미로운 것은 코난 도일의 반응이다. 그는 홈즈를 직접 살려내는 대신, 홈즈의 사망 이전의 옛이야기를 들려주는 방식으로만 소설을 다시 발표했기 때문이다. 홈즈를 호락호락 살려내기가 내키지 않는다는 듯, 이후로도 9년의 시간을 끌다가 겨우 '홈즈의 귀환'이라는 제목으로 그를 살려낸다. 이처럼 둘 사이에 흐르는 알 듯 모를 듯한 긴장감이 우리에게 주는 첫 번째 인상은 홈즈가 둘의 관계를 지배한다는 느낌이다. 소설 속 인물일 뿐이었지만, 그는 유령처럼 코난 도일의 삶을 사로잡고 놓아주지 않았기 때문이다. 홈즈는 코난 도일보다 더 유명했고, 더 강력한 영향력을 행사하고 있었다. 백여 년이 지난 오늘날에도 사정은 변하지 않았다. 셜록 홈즈가 누구인지 모르는 사람이 거의 없을 정도로 그의 문화적 영향력은 지대하지만, 그를 탄생시킨 코난 도일에 대해서 아는 사람은 많지 않다. 물론, 한 시대를 풍미한 작가와 그가 만든 대표작의 주인공이 맺는 관계가 대체로 그러하다고 말할 수도 있겠다. 마담 보바리를 아는 사람은 많아도 플로베르에 대해 아는 사람은 많지 않은 것처럼 말이다. 그러나 이 둘의 관계를 지배하는 홈즈의 특수한 지배력을 이해하기 위해서라면 보다 개별적인 둘만의 역사를 살펴볼 필요가 있다.

코난 도일이 셜록 홈즈의 모델로 삼았던 인물은 그의 의대 시절 교수였다고 한다. 영국 에든버러 의과대학 교수였던 조지프 벨 박사는 당시로서는 상당히 알려진 명의였다. 코난 도일은 이

교수의 생김새와 성격, 재능, 심지어 괴팍한 버릇에 이르기까지 모든 것을 존경했고, 소설을 쓰기 시작하면서 급기야 자신의 작품 속 주인공으로 재탄생시키기에 이른다. 학창 시절 자신을 그토록 사로잡았던 인물을 자신의 소설 속에서 다시 만나고 문학의 틀 속에서 소유하려고까지 했던 것이다. 그러니까 우리가 조금 전에 가정했던 코난 도일과 셜록 홈즈의 동일시는 단순히 자신과 유사한 인물을 소설 속에서 창조해내는 수준이 아니었다. 그들 사이에서 문제시되는 것은 정신분석에서 말하는 소위 '전이transfert'라는 개념이다. 풀어 설명하자면, 코난 도일은 그가 의대 시절에 만난 조지프 벨이라는 교수를 인생의 롤 모델로 설정했던 것인데, 여기서 롤 모델이란 단지 닮고 싶은 대상만을 의미하지 않는다. 오늘의 한국 사회를 휩쓰는 멘토 열풍을 통해 말하자면, 그것은 삶의 진리를 알고 있는 자, 그래서 의존해야만 하고 결국은 사랑하게 되는 절대적 지식의 소유자로서의 타자이다. 코난 도일은 자신의 은사에 대한 이 같은 전이적 사랑을 소설 속 주인공 홈즈와의 관계를 통해 재현해내고 있었다.

그런 의미에서 코난 도일의 소설 속 분신은 셜록 홈즈가 아니라 왓슨-홈즈라는 한 쌍, 또는 둘로 분열된 구조이다. 소설 속 홈즈의 비서이자 친구이며 조력자인 왓슨은 코난 도일과 같은 의사였다. 코난 도일이 조지프 벨 교수에 감탄했던 것처럼 왓슨 역시 홈즈의 뛰어난 통찰력과 개성에 감탄하는 인물로 그려지는데, 바로 그러한 방식으로 코난 도일은 자신의 전이적 사랑의 구조를 소설 속 두 인물의 관계를 통해 재현해내고 있다. 그러나 소설이 유명해지고, 홈즈라는 인물이 사람들에게 사랑을 받을 수록 크나 도일과 홈즈의 (또는 조지프 벨의) 전이적 사랑은 변질의 운명을 겪게 된다. 왜냐하면 홈즈의 명철한 이성과 통찰력은 코난 도일의 지식의 범주를 벗어나지 못할 운명이었기 때문이다. 당연한 이야기지만, 작가의 지식의 산물인 소설의 주인공은 작가를 능가하는 지식을 소유할 수 없다. 만일 작가가 계속해서 자신의 주인공을 사랑하려 하자면 방법은 단 한 가지만 남는다. 그것은 주인공이 작가 자신의 통제를 벗어나도록 만드는 것뿐이다. 어떻게 그렇게 할 수 있을까? 답은 아주 간단하다. 그것은 주인공을 살해하여 유령으로 만드는 것이다(그런 의미에서 홈즈의 마약중독은 일종의 짧은 죽음들이었다). 코난 도일 자신이 겪었던 조지프 벨 교수와의 전이적 사랑을 유지하기 위해서는 조지프 벨의 대역으로서의 홈즈가 더 이상 뻔한 이야기들을 늘어놓지 못하도록 만드는 것이 중요했다. 만일 홈즈가 죽어 입을 다물고 유령처럼 떠돌기 시작한다면, 코난 도일의 그에 대한 사랑은, 혹은 욕망은 유지될 수 있다. 한편, 바로 이것이 코난 도일을 사로잡았던 심령과학의 핵심이었다. 유령들, 사자死者들은 말이 없고, 그들의 존재는 명확한 언어의 세계가 아니라 불확실한 미스터리의 세계에 속한다. 19세기 서구 문명이 건설해낸 근대과학-이성주의적 신화는 삶의 모든 차원을 논리적 언어로 설명 가능한 차원에 한정 지으려 했다. 이러한 문명은 절대적 지식, 즉 모든 것을 설명할 수 있는 권능을 가진 것으로 존중되었지만, 바로 여기서 언급된 '모든 것'이라는 개념은 유한한 개념이다. 이것은 언어의 한계 내부에 존재하는 것에 관한 지식일 뿐이다. 이런 종류의 '모든 것'에 대한 지식은 그것이 아무리 정확한 것이라 할지라도 주체의 욕망을 지속시키기에는 역부족이다. 주체는 자신의 욕망을 지속시키기 위해 타자의 결여를 요구한다. 달리 말하면, 주체는 세상을 욕망하기 위해 세계의 지식이 불완전해질 것을 요구한다. 코난 도일이 (또는 그의 무의식이) 원했던 것이 바로 이것이다. 죽은 채로 살아 떠도는 셜록 홈즈의 유령. 더 이상 귀납적 추리로 세계의 지식을 한정 짓지 않는, 불투명해져버린 죽은 홈즈의 그림자. 그리하여 근대적 세계-지식 자체의 균열로서 출현하는 유령의 존재.

코난 도일과 셜록 홈즈의 기묘한 전이 관계가 우리에게 드러내어 보여주는 것은 한 사람의 세계관이 어떻게 욕망의 복잡한 구조 속에서 형성되며 유지되는가에 관한 사실들이다. 세계관이란 주체가 자신 앞의 세계를 설명하는 하나 또는 몇 가지의 내러티브(이야기 구조)를 의미한다. 그것은 우리에게 삶이 의미 있는 것으로, 욕망할 만한 가치가 있는 것으로 유지되기를 원하는 마음에 근거한다. 코난 도일의 세계는 근대의 과학적 세계였지만, 그는 그곳에 신비주의의 빈자리를 유지하고 싶어 했다. 그러나 근대적 합리성의 명석함을 포기하려고도 하지 않았다. 이것이 그가 셜록 홈즈라는 인물을 끝내 이성 중심적 통찰력의 테두리 안에 머물도록 한계 지었던 이유이기도 했다. 분명 그럴 수 있었음에도 불구하고 코난 도일은 홈즈의 이성주의적 행보를 변경하지 못했다(홈즈는 마지막 순간까지 경험주의자로 남는다). 그가 할 수 있었던 최대한의 제스처는 홈즈를 소설 속에서 죽이는 것이었지만, 그러나 이마저도 자신의 의도대로 되지 않았던 것이다. 결국 코난 도일에게 세계란 한편으로는 논리적으로 설명 가능한 공간이어야만 했으며, 다른 한편으로는 불확실한 미스터리의 공간이어야 했다. 이 둘의 긴장 관계가 그의 세계를 유지시키는 욕망의 공식이었는데, 그러나 이것은 코난 도일만의 세계가 아니라 세계-일반이 구성되는 신경증적 모델이기도 하다.

추리소설로서의 삶

우리는 흔히, 인생을 한 편의 소설에 비유하곤 한다. 지나온 삶을 돌이켜 보면서 그렇게 할 뿐만 아니라, 앞으로의 인생을 그리면서 한 편의 소설과 같은 이야기를 전개시켜본다. 상상의 인생-소설은 우리가 언제나 주인공의 자리를 차지할 수 있는 가장 내밀한 이야기의 공간이기 때문이다. 그러나 여기서 주인공의 자리가 곧 소설의 창작자인 작가의 자리를 의미하지 않는다는 사실에 주목해보자. 우리는 삶이라는 소설의 주인공이지만 그럼에도 이야기를 마음대로 써나갈 수 있는 작가의 위치를 차지할 수는 없다. 왜일까? 먼저, 이미 살아버린 삶에 대한 회고적 이야기를 살펴보자.

우리는 우리가 살아온 삶을 이야기로 구성하고 이야기 속의 주인공이 된다. 이것이 바로 나이 든 사람이 후배들에게 자신의 삶의 이야기를 들려주는 방식이다(혹은 카우치에 누운 환자가 정신분석가에게 말하는 방식이다). 이미 살아버린 삶을 뒤바꿀 수는 없으므로, 거짓말을 하지 않는 이상 삶의 이야기 속 내용은 변할 수 없다. 여기서 화자인 우리는 소설의 주인공이자 쓰인 텍스트의 내레이터 역할 이상을 할 수 없다. 그러나 조금 더 폭넓은 상식을 가진 사람이라면 다음과 같은 이의를 제기할 수도 있다. 어째서 관점을 변화시킬 수는 없는 것인가, 라고. 살아온 인생의 실질적 내용은 고정되어 있을지라도, 그것을 바라보는 관점을 화자 마음대로 취할 수 있지는 않을까? 과거에는 그다지 의미를 부여하지 않았던 사건들이 후에 그것을 삶의 이야기로 구성하는 과정에서 새롭게 조명되고 가치를 인정받게 되는 일들이 있지 않은가? 예를 들어 젊은 시절을 봉건적 사회 질서 속에 살면서 이혼을 경험한 한 여성이 자신의 이혼 경력을 삶의 치명적 결점으로 간주해오다가 이후 사회 분위기가 진보-변화하면서 그러한 경험을 여성적 주체성의 실천과 관련된 투쟁의 기록으로 명명하게 되는 경우가 그렇지 않은가? 이때 삶의 소설 속에서 자신을 돌아보는 여성은 주인공인 동시에 작가(해석자)의 주체적 위치를 차지할 수 있는 것은 아닐까? 엄밀한 의미에서 말하자면, 결코 그렇지 않다. 왜냐하면 자신의 삶의 사건에 대한 관점의 변화가 의존하는 것은 주체의 의지가 아니라, 주체를 둘러싼 사회구조의 변화이기 때문이다. 여성의 인권에 대한 사회적 인식이 변화하지 않는다면, 그녀는 결코 자신의 이혼 경력을 자랑스러워할 수 없을 것이다.

마찬가지 이야기를 미래를 상상하는 소설의 형식 속에서도 말할 수 있다. 우리 자신의 미래를 상상하고 그곳에서 벌어지게 될 삶의 모습을 그려보는 인생의 그림 속에서 우리는 주인공이다. 그러나 미래의 이야기가 쓰이는 방식이란 현재 우리의 정체성을 구성하는 사회적 언어와 조건들에 의해 한정될 것이다. 미래를 상상하는 우리 자신의 머리를 지배하는 것은 현재 세계의 조건들일 뿐이다. 그런 의미에서 우리는 미래의 이야기를 그려낸다기보다는 현재 주어진 고정관념들을 변주하여 가짜 미래의 그림을 그려낼 뿐이다. '미래'라는 단어가 가진 뜻은 아직 도래하지 않은 시간을 의미하겠지만, 그러나 우리는 이미 도래한 것들을 통해서만 미래의 소설을 쓴다는 의미에서, 미래의 시간은 불가능하다. 따라서 미래의 이야기를 상상하는 주체, 즉 작가는 우리 자신이 아니라, 현재의 세계를 지배하는 지식의 고정관념이다. 우리가 할 수 있는 일이란, 그렇게 타자에 의해 상상된 이야기 속에서 꼭두각시로서의 주인공 역할을 연기하는 것뿐이다. 마음속 가장 내밀한 공간에 존재하는 타자에 의해 연출된 환상 극의 역할을 연기하는 배우.

삶이 이렇게 누군가에 의해 쓰인 하나의 소설과 같다면, 그것의 형식은 추리소설에 가장 가깝다. 왜냐하면, 삶은 언제나 질문의 형식으로 다가오고, 질문에 노출된 주체는 그 답을 찾아 나서는 것으로 인생의 여정을 시작하기 때문이다. 예를 들어, 어린아이는 질문한다. 엄마는 무엇을 원하지? 조금 더 큰 아이는 묻는다. 사랑이란 무엇일까? 성(性)은 무엇이지? 이후로도 질문은 끝나지 않는다. 결혼은? 가족은? 자식이란? 부모란? 죽음이란? 삶이란? 돈이란? 행복이란? 매번의 질문은 다양한 사건을 다루는 추리소설 연작처럼 우리의 삶을 의미를 찾아 나서는 모험으로 만들어준다. 우리는 끝없는 질문들의 연속에 사로잡히고, 의미의 미스터리를 해결하기 위해 고군분투한다. 그러고 나서 이르게 되는 장소는 타자의 장소이다. 우리가 답을 찾는 장소, 혹은 또 다른 질문과 만나게 되는 장소, 그곳은 소설의 주인공인 우리를 위해 소설의 작가인 '타자'가 마련한 장소이다. 그러나 그곳에서 발견되는 의미가 우리가 찾던 질문의 답은 아닌 것 같다. 왜냐하면, 타자가 우리를 위해 준비한 미스터리 사건의 답안은 엄밀한 의미에서 우리 자신을 위해 준비된 것이 아니라, 추리소설의 연작이 끝없이 다시 시작될 수 있도록 고안된 미끼에 불과하기 때문이다. 연극이 끝나지 않도록 하기 위해서, 주인공인 우리를 끝없는 욕망의 환상 극장 속에 묶어두기 위한 일종의 미로와 같은 장소. 바로 그곳이 우리가 삶이라고 부르는 추리소설적 공간이다. 셜록 홈즈에게 그곳은 근대 이성의 타자가 답을 준비하는 공간이었고, 코난 도일에게는 홈즈 시리즈의 유한한 지식을 넘어서는 신비주의적 과학주의의 타자가 답을 준비하는 공간이었다. 그런 의미에서 홈즈와 코난 도일 모두 동일한 추리소설 속의 주인공에 불과했다. 그들은 모두 근대라는 연극 무대 위에서 추리극을 연기하는 두 가지 다른 캐릭터의 주인공일 뿐이었다.

만일 삶이 이렇게 모순된 추리소설의 형식에 불과하다면, 소외라는 개념은 우리 인간 존재에 보편적인 조건이 된다. 우리는 우리 삶의 주인이 아닐뿐더러 심지어 우리가 찾는 삶의 진리조차 타자의 음모 속 미끼에 불과하다. 그렇다면 진정한 삶은 어디에 있는가, 진정한 진리는 무엇인가, 등등의 질문을 해결하기 위해서 전제되어야 하는 질문이 있다. 그것은 바로 질문을 던지는 목소리의 정체이다. 누가 지금 진리에 관하여 묻고 있는가? 분명 그것은 무대 위 주인공인 나 자신의 음성이다. 그러나 이제 우리는 그것이 주어진 대사의 반복에 지나지 않는다는 사실을 알게 되었다. 그렇다면 지금 말하고 있는 목소리의 진짜 주인공은 누구인가? 혹은, 나보코프의 그 유명한 질문, "누가 세바스천 나잇에 관하여 말하고 있는가?(Who is speaking of Sebastian Knight?)"

삶을 추리소설로 은유하는 우리의 이야기가 밝혀야 할 마지막 논점은 주인공과 작가라는 두 가지 위치의 교차 가능성이다. 이 것은 삶의 주인공으로서의 우리가 자신의 삶을 지배하는 작가 의 위치로 올라설 수 있는지를 묻는 실존적 질문이기도 하다. 라 깡은 이것을 '환상의 횡단'이라는 용어로 표현한다. 우리는 어떻 게 우리를 말하게 하는 타자의 소설 속 꼭두각시(주인공) 이상 이 될 수 있는가의 문제. 그것은 우리를 지배하는 세계의 환상에 사로잡히지 않으면서 그것을 가로지를 수 있는가를 묻는 질문 이며, 그리하여 도달한 곳에서 진리를 가지고 무엇을 해야 하는 지를 묻는 질문이다. 탐정소설의 주인공은 수많은 사건의 비밀 을 밝혀내지만, 정작 그 자신의 삶에 관한 비밀을 알아채지 못한 다. 셜록 홈즈는 어째서 자신의 삶을 지속시키기 위해 코카인이 라는 마약이 필요한지 이해하지 못한다. 물론 그것은 작가 코난 도일이 홈즈에 관한 욕망을 지속시키기 위한 장치였다. 그러나 정작 코난 도일 자신은 어째서 자신에게 심령과학이 필요한지 알지 못했다. 그것은 세계라는 무대 위에서 코난 도일의 욕망을 지속시키기 위해 근대라는 타자가 그에게 부여하는 욕망의 형 태였지만 말이다. 셜록 홈즈와 코난 도일은 '진리는 어디에 있는 가'를 묻는 자신들의 목소리가 어디서 유래하는지에 관하여 질문하지 않았다. 말하고 있는 지금의 내 목소리는 정말 나의 것인가, 혹은 다른 누구의 것인가, 에 관한 질문.

목소리의 주인공을 의심하는 이와 같은 주제는 1941년에 발표한 나보코프의 첫 영어 소설 『세바스천 나잇의 진짜 인생The Real Life of Sebastian Knight』[1]의 테마이기도 하다. 후에 『롤리타』라는 장편 소설로 악명 아닌 악명을 떨치게 되는 러시아 출신 작가 블라디미르 나보코프는 영어로 소설을 쓰는 작가로 알려져 있지만, 그러나 그가 영문 소설을 쓰기 시작한 것은 마흔이 다 된 나이였으며, 이미 러시아어로 상당량의 작품 활동을 하고 난 뒤였다. 1899년 제정 러시아의 페테르부르크의 귀족 집안에서 태어난 나보코프는 1917년 볼셰비키 혁명을 피해 독일로 망명했고, 이후 나치의 득세를 피해 다시 파리로 망명한다. 그가 『세바스천 나잇의 진짜 인생』을 쓴 것은 1939년 파리에서였는데, 이미 자신의 최종 망명지인 미국행을 준비하던 이 시기에 남은 인생을 미국에서 보내기 위해 영문 소설을 쓰기로 결정했던 것이다. 이 소설에는 작가의 이 같은 고충이 그대로 담겨 있다. 그 내용을 함께 살펴보자.

브이(V)라고 명명된 소설의 화자는 주인공이며, 나보코프처럼 러시아 망명자 출신으로 묘사된다. 어느 날 그는 자신의 이복형이 죽었다는 소식을 듣게 된다. 형의 이름은 세바스천 나잇이었으며, 꽤나 알려진 전도유망한 소설가였지만, 심장병으로 서른

---

1 국내 번역본은 『어느 망명작가의 참인생』(권택영 옮김)이다.

나는 세바스천이다. 아니 세바스천이 나다.
아니, 아마도 우리 둘 다 우리 둘이 다 모르는
어떤 사람인지도 모른다.
-블라디미르 나보코프, 『세바스천 나잇의 진짜 인생』

블라디미르 나보코프의 미국 이민자 ID 카드.

일곱 살의 나이에 요절한다. 한편 동생인 브이(V)는 형의 책을 출판했던 편집자 굿맨(Goodman)이 자기 이득만을 챙기는 멍청이라는 사실을 알게 되었는데, 더 심각한 것은 그가 형의 엉터리 전기를 출판하려고 준비하고 있다는 사실이었다. 브이(V)는 형의 명예를 위해서, 그리고 진실을 왜곡하지 않기 위해서 스스로 형의 전기를 쓰기로 결심한다. 소설은 그렇게 동생이 형의 전기를 쓰기 위해 정보를 수집하는 과정을 따라서 전개된다. 형 세바스천 나잇의 지인들과 과거의 연인들을 만나고 형에 관해 알지 못했던 새로운 사실을 탐사하는 과정을 쫓아가는 이야기의 구조는 전형적인 추리소설 형식을 취한다. 이 소설이 여느 추리소설과 다른 점이 있다면, 그것은 주인공의 탐사가 그 어떤 명확한 진리에도 도달하지 못하고 좌초한다는 사실에 있다. 주인공 브이(V)는 형에 관한 정보를 얻게 될수록 점점 더 세바스천 나잇이 누구인지 알 수 없을 것만 같은 기분에 빠져든다. 형과 자신을 혼동하는 사람을 만나게 되면서부터는 심지어 둘의 정체성에 대한 확신조차 사라지게 된다. 그는 계속해서 세바스천 나잇에 관하여 말하고 듣고 탐사하지만, 그러나 종국에는 세바스천과 자신이 같은 인물은 아닌지를 질문한다. 혹은, 둘 모두 둘이 모르는 어떤 다른 사람은 아니었는지를 묻는다. 소설이 전개하는 혼란스런 정체성의 퍼즐을 따라가면서 당혹스러운 감정에 빠지는 독자에게 작가가 보여주고 싶어 하는 것은 오히려 명백하다. 그것은 바로 다음과 같은 질문으로 요약될 수 있다. 지금이 순간, "누가 세바스천 나잇에 관하여 말하고 있는가?" 풀어 말하면, "지금 소설 속에서 말을 하고 있는 목소리의 주인공은 누구인가?"

먼저, 표면적으로 알 수 있는 사실은, 그것이 브이(V)의 목소리라는 것이다. 이것이 목소리의 일차적 정체성이다. 소설의 화자, 즉 일인칭 주인공은 브이(V)이며, 그는 세바스천의 이복동생이다. 그러나 그 목소리는 동시에 작가 자신, 즉 나보코프의 목소리이기도 하다. 주인공이 누가 되었든, 주인공의 목소리를 빌려 진짜로 대사를 읊조리거나 문장을 이끌어가는, '펜을 쥔' 주인공은 작가 자신이다. 따라서 주인공 브이(V)와 작가 나보코프는 목소리라는 매개를 통해 연결되어 있으며, 바로 그런 방식으로 나보코프는 소설 속 이야기의 전개를 지배하고 있다. 주인공 브이(V)가 아무리 자신의 의지대로 사건을 풀어가려고 해도, 그는 이미 나보코프의 분신이며, 꼭두각시일 뿐이다. 이것은 셜록 홈즈와 코난 도일의 관계처럼 쉽사리 파악할 수 있는 이자 관계이며, 지배 관계이다. 그러나 우리는 작가 역시 한 시대의 지식과 문화의 지배를 받는다는 사실을 알고 있다. 나보코프의 경우는 그와 같은 지배가 더욱 가시적이었다. 왜냐하면 그는 피치 못할 사정에 의해 자신의 모국어를 버리고 영어로 소설을 써야만 했기 때문이다. 그는 진정한 자신의 목소리와 타자에 의해 강요된 목소리라는 둘 사이의 균열을 온몸으로 체현할 수밖에 없는 위치에 있다. 그가 말하고 쓰는 모든 단어와 문장은 그에게는 낯선 이국의 언어이지만, 그것을 버리고서는 작가가 될 수 없는, 작가로서 말을 할 수 없는 운명이다. 러시아는 공산화되었고, 그는 조국을 버렸다. 자신의 정체성을 찾아 나서는 도구로서 문학이라는 실천을 선택했지만 그러나 잃어버린 모국어를 대신해서 그를 지배하게 된 영어는 그가 진정으로 말하고자 하는 바로부터 언제나 한 발짝 떨어진 간극 속에 그의 정체성을 상실하도록 만든다. 그에게 있어서 문학이란 이렇게 언어에 의해 오히려 정체성이 박탈되는 상실의 드라마를 공연하는 무대에 다름 아니었다. 브이(V)로서는 형의 정체성을 찾아 나서려는 시도는 오히려 형의 정체성을 상실하도록 만드는 계기가 될 뿐이었다. 그리하여 형 세바스천이 누구인지 알 수 없게 될수록 기이하게도 브이(V)는 형과 자신을 동일시하기 시작하는데, 바로 여기에서 나보코프의 인간 존재에 대한 통찰력이 빛나고 있다.

일반적인 추리소설이었다면 브이(V)는 형의 정체성을 찾고, 악당(편집자)을 응징하며, 그리하여 브이(V) 자신의 정체성까지 고스란히 획득하게 되는 과정을 담았을 것이다. 그러나 이러한 과정은 결국 소설과 소설 속 세계를 지배하는 언어가 한계 짓는 정체성을 찾는 과정에 불과하며, 그와 같은 되찾음 속에서 소설의 주인공과 작가 모두는 세계를 지배하는 언어의 체계에 종속당할 것이다. 그러나 나보코프는 오히려 정체성의 상실이라는 텅 빈 이미지를 통해 세바스천을 그려내고, 그러한 공허에 브이(V) 자신을 동일시하도록 만듦으로써 소설을 지배하는 언어, 즉 타자의 목소리에 대항한다. 그는 지금 누가 이야기를 하고 있는

지를 끊임없이 자문하면서 그러한 목소리로부터 주인공을 또는 작가 자신을 분리시키려는 노력을 멈추지 않는다. 그리하여 주인공 브이(V)가 탐사의 끝에 이르게 되는 곳, 혹은 작가 나보코프가 글쓰기의 끝에 이르게 되는 장소는 텅 빈 비-정체성의 공간이다. 그들은 그들의 목소리를 사로잡고 있는 타자의 지배에 끊임없이 저항하는 과정을 통해서, 자신들의 말과 타자의 목소리를 분리해내는 데 성공한다. 혹은 자신들의 존재와 타자의 목소리가 강요하는 거짓 정체성의 이미지를 분리해내는 데 성공한다. 나보코프의 모든 소설들의 토대에 깔려 있는 균열의 흔적은 바로 이와 같은 목소리의 분열에 근거한다고 말할 수 있다. 그런 의미에서 그의 소설은 자신이 쓰고 있는 문장을 지배하는 목소리의 권력에 대항하기 위한 투쟁의 흔적 이상도 이하도 아니다.

만일 추리소설의 흥미로운 전개가 우리를 기만하지 않으면서도 존재에 관한 비밀을 알려줄 수 있다면, 그것은 소설의 끝이 우리에게 이미 만들어진 의미로서의 진리를 선사하는 것이 아닐 때이다. 그것은 소설을 지배하는 한 시대의 고정관념(타자)의 목소리가 균열을 일으키며 주인공을 미리 준비된 결말로 이끌고 가는 데 실패하는 바로 그 순간이다. 삶을 사는 데 있어서 뻔한 미래라는 인생의 이미지보다 더 굴욕적인 것은 그러한 뻔함이 우리 자신의 주체성과 맞바꾼 대가로서의 한 줌의 쾌락이라는 사실에 있다. 누군들 자신의 인생에서 주인이 되고 싶지 않겠가? 그러나 아주 드문 자들만 이러한 주체성의 조건이란 우리가 주체성이라는 개념에 대해서 알고 있는 모든 것을 포기하는 순간에만 가능하다는 사실을 알고 있다. '주체성'이라는 단어 역시 타자의 언어이며, 그것을 발음하는 순간 등장하는 목소리 또한 타자의 음성이기 때문이다. 따라서 주체적인 삶을 살기 위한 기술은 생각보다 쉽지 않으며, 상당한 기술을 필요로 한다. 그러나 방법이 아주 없는 것은 아니다. 특히, 프랑스의 정신분석가 라깡은 우리의 마음을 지배하는 고정관념의 목소리에 어떻게 저항할 수 있는지를 가르쳐주는 상당히 효과적인 실천 이론을 제시하고 있다.

공백을 먹는
여자

"한 여인이 정신분석 치료실을 찾아온다"라는 '예비적 문장phrase préliminaire', 우리의 인생이 그런 것처럼 단지 하나의 가정일 뿐인 문장으로부터 한 여인의 삶의 이야기를 시작해보자.

여인에게는 죽음의 그림자가 드리워져 있었다.
"몇 개월째 아무것도 먹지 못하고 있어요."

여인은 오래전부터 그녀를 괴롭혀오던 거식증 치료를 위해 다양한 정신과 치료들을 받아보았지만, 항우울증제를 중단하자 증세가 다시 시작되곤 했다고 털어놓았다. 정신분석치료는 처음이었고, 그래서 효과가 있을지 혹은 반대일지, 불안하기만 하다고도 말했다.

"그래요. 그 이야기를 먼저 해보세요."
머리가 희끗한 분석가가 친절하지도, 그렇다고 무심하지도 않은 말투로 말했다. 사십대 남자인 분석가의 얼굴은 아주 진지했지만, 그게 무엇에 관한 진지함인지 잘 알 수 없었다. 이십대 초반인 여자는 남자의 머리 색깔에서 자신의 아버지를 연상했다. 그러나 시간이 지난 뒤에, 아버지의 머리칼은 검은색이었다는 사실을, 그리고 이후로도 아주 오랫동안 그러할 것이라는 사실을 떠올리고는 첫날의 분석가에 대한 인상을 기이하게 생각하게 된다.

"2년 전부터 시작되었어요."
여자는 지금까지 만나온 의사들에게 반복해서 말해왔던 것을 거의 습관적으로 늘어놓기 시작했다.
"거의 먹지 못해요. 억지로 먹었다가는 구역질을 하게 돼요."
그러면서 여자는 아이가 자신의 상처를 자랑하듯, 소매를 걷어 팔뚝을 보여주었다. 자코메티의 조각 작품처럼, 그녀의 몸은 뼈만 앙상했다. 그녀의 신체는 분석가에게 조금씩 소멸해가는 이미지, 사라져가는 존재의 이미지를 연상시켰다.

"의사들 말이, 이대로 가면 온갖 합병증으로 죽을 수 있다는 거예요."

여인은 몇 가지 특징적인 병세를 설명한 뒤에 마치 남의 일을 말하듯 이렇게 무심하게 말을 마친다.

"거식증이라는 게, 그렇게 위험하다고들 하데요."

그러나 분석가가 듣고 싶은 것은 거식증에 관한 여인의 증세나 지식이 아니었다. 그는 여인에게 되도록이면 짧고 간결하게 생각을 전한다.

"다른 이야기도 해보도록 합시다. 예를 들면 성장 과정이라든지, 현재의 직업이라든지, 그게 무엇이든, 거식증과 관련이 없다 해도."

그렇게 해서, 여인의 인생에 대한 작은 소설책이 열리기 시작한다. 일반적인 거식증 환자들이 치료를 거부하며 소통하기를 원치 않는 것과는 다르게, 여인은 자신의 이야기를 늘어놓는 것에 거부감이 없는 듯 보였고, 그것이 치료의 시작에 도움을 주었다. 나중에 알게 된 사실이었지만, 여인은 분석가가 다른 의사들과는 달라 보였고 그를 믿어도 좋을 것 같은 인상을 받았다고 했다. 그 때문에 말문이 쉽게 트였다고 했다. 무엇이 달랐는지를 질문하자 여인은, 편안한 무관심이라고 말했다. 경솔하거나 사무적인 무관심이 아니라, 분석가는 무겁고 진지하고 그럼에도 편안한 무심함 같은 것을 보여주었다고 했다. 그것은 "아무렴,

뭐든 괜찮아요. 나는 당신을 탓할 생각이 없어요"라고 말하는 듯한 무관심이었다. 그녀가 철학에 관해 알고 있었다면, 존재에의 관심으로부터 비롯되는 존재자에 대한 무관심과 같은 것이라고 말했을지도 모른다.

여인은 스물네 살이었고, 파리 소재의 한 대학원에서 법학을 전공하고 있었으며, 앞으로 법관이 되려는 꿈을 꾸고 있었다. 법에 대한 공부는 그녀의 삶의 전부였으며, 판사가 되는 것은 아주 오래된 꿈이었다. 열한 살이 되던 해에 이미 그녀는 범인을 잡아들이고 사건을 해결하여 피해자들의 억울함을 풀어주는 자신의 이미지를 그리고 있었다. 덧붙여서, 그녀는 상당히 뛰어난 지적 능력의 소유자였으며, 중고등학교 시절 이미 수재로 알려져 있었다. 그녀의 인생은 언제나 돋보이는 지성과 미모를 겸비한 주인공의 이야기들로 가득 차 있었다. 2년 전 갑작스레 찾아온 거식증으로 난관에 부딪히게 된 일을 제하고는, 그녀의 인생은 언제나 장밋빛이었던 것처럼 보였다.

첫 번째 예비 면담 이후로 시작된 본격적인 상담 과정에서도 그녀의 삶의 이야기는 일관되게 이어진다. 그녀는 아주 솔직하게 자신의 이야기를 하고 있었으며, 분석가만큼이나 진지하게 치료에 접근하고 있는 듯 보였다. 그러나 그와 같은 자신의 진지함이 그녀 자신을 어떻게 속이고 있는지에 관해서는 아직 알지 못한다.

최초의 의심은 상담이 두 달 이상 지난 시점에서 출현했다. 일주일에 두 번씩, 한 회당 45분가량 자신의 이야기를 하염없이 늘어놓는 일이 두 달 이상 지속되자, 환자와 분석가 사이에는 특별한 관계가 맺어지기 시작했는데, 여인은 그것을 '무관심의 동맹'이라고 불렀다. 그것은 상호 간의 신뢰나 믿음과 같은 감정이 전혀 아니었다. 그것은 여인과 자신의 아버지뻘이었던 분석가 사이에 생길 수 있는 특수한 감정의 흐름(전이)들을 차단하는 것은 아니었지만, 그럼에도 분석가는 그 이상이거나 그 이하와 같은 모호한 인상을 주고 있었다. 그것은 여인의 감정적 요구에 응하지 않으려는 무관심에의 고집처럼 보이기도 했는데, 처음에는 이것이 여인을 애태우게 만들었지만, 그러나 이내 수그러들 수 있는 정도의 감정에 불과하게 된다. 이런 상태에서는 사실상 뭐든지 말할 수 있고, 그러한 말의 효과가 분석가를 동요시킬 수는 있어도 그의 도덕적 판단이 고개를 치켜들게 만들지는 않을 것이라는, 그런 감정과 같았다. 바로 그런 편안함의 상태에서 여인은 자신의 아버지를 '잡놈(살로^{salaud})'이라고 부르는 말실수를 했다. 이 말은 원래, 아버지의 연인들을 부르는 '잡년(살로프^{salope})'을 말하려다가 잘못 발음함으로써 벌어진 실수였다.

여인은 사남매 중의 장녀였고, 부모는 그녀가 열 살 때 이혼했는데, 어머니는 곧 재혼했지만 아버지는 그러지 않았다. 그래서 여인은 아주 어릴 때부터 부재하는 어머니의 역할을 도맡아 하는 책임감 강한 딸이었다. 남동생들과 여동생들의 어머니 역할뿐만 아니라, 언제나 덤벙거리는 듯한 인상을 주었던 아버지를 돌보는 역할까지 했는데, 이런 자신의 상황을 그녀는 '모두의 어머니'라고 불렀다. 자신은 모두의 어머니 역할을 했으며, 아버지는 자신의 가장 큰 아들 같았다고 말했다. 물론 이런 표현은 그녀 자신이 지어낸 것은 아니었고, 아버지의 어머니, 그러니까 그녀의 할머니와 같은 부계 쪽 친지들이 그녀의 대견함을 표현하는 말이었다. 더욱 놀라운 것은, 여인이 자신에게 부과된, 혹은 스스로 짊어진 이 모든 책임을 완벽하게 수행했을 뿐만 아니라, 학업에서도 뛰어난 모습을 보였다는 사실이다. 그녀는 모든 면에서 집안의 희망이었고, 동생들의 롤-모델이었다. 그녀의 입에서 흘러나오는 이 모든 말들은 누가 들어도 진지하고 믿을 만한 이야기였다. 그녀가 자신의 아버지의 여자친구들을 '잡년'이라고 부르려 하다가, 아버지를 '잡놈'이라고 불렀던 말실수를 하기 전까지는 그렇게 보였다.

그녀의 아버지로 말하자면, 프랑스 남서부 대도시의 존경받는 산부인과 의사였다. 그녀가 처음 아버지를 덤벙거리는 인상으로 묘사했던 것과는 다르게, 상당한 위치에 오른 의사이자 학계에서 인정받는 연구자였다. 그녀의 이야기 속에서 이 두 가지 인상, 즉 성공한 의사와 덤벙거리는 아버지의 인상이 충돌할 때마다 그녀는 아버지가 외면적인 모습과는 다르게 돌봐주어야만 하는 면이 적지 않은 남자였다고 설명하곤 했다. 아버지는 뛰어난 의사였지만, 환자들과 데이트를 즐기기도 하는 덤벙거리는 남자였다는 것이다. 이것 역시 믿지 못할 이야기는 전혀 아니었고, 분석가가 이의를 제기할 문제도 아니었다. 하지만 분석가는 "뛰어나지만 덤벙거리는군요"라고 말함으로써 여인의 말을 잠시 멈춰 세웠다. 여인이 아버지를 '잡놈'이라고 부른 것은 바로 그 순간이었다. 자신의 말실수에 잠시 놀란 표정을 하던 여인은 "그러니까 제 말은 그 여자들이 잡년이라는 거예요. 아버지를 꼬여냈던 행실이 칠칠치 못했던 그 여자들 말이죠"라고 정정한다. 그러고는 침묵이었다. 여인은 분석가에게 자신의 설명에 대한 논평을, 어떤 것이 됐든 답변을 요구하는 듯한 시선으로 둘 사이에 내려앉은 침묵의 한가운데를 가만히 들여다보고 있었다. 분석가가 말없이 자리에서 일어나 상담실의 문을 연 것은 바로 그 순간이었다. 그는 한마디 말도 없이 여인을 쫓아내듯 분석을 종료시켜버렸다. 그는 자신을 여인의 아버지와 동일시하려고 했던 것일까? 그래서 여인의 말실수에 기분이 상했다는 것을 보여주려고 했던 것일까? 그는 정말 세상의 모든 아버지를 대리해서 여인을 탓하고 있었던 것일까? 널 이만큼 키워주었더니 나를 잡놈 취급하려는 거니, 라고 말하는 아버지의 얼굴을 흉내 내고 싶었던 것일까?

이후 일주일 동안 여인의 머릿속은 온통 분석가의 이상한 행동과 자신의 말실수 사이의 연결고리를 찾아보려는 질문들로 가득 차게 되었다. 비로소 다음 상담이 시작되고, 여인이 지난번의 침묵과 갑작스런 상담 종료에 대한 설명을 요구하려는 순간 분석가가 이렇게 말한다.

"그녀들에 관해 말해볼까요? 아버지를 유혹했던 여자 환자들이나, 아니면 그 외의 다른 그녀들, 잡년들 말입니다."

여인은 분석가의 질문이 자신이 정작 말하고 싶었던 주제, 지난 상담의 종료에 관한 그의 태도를 비켜가고 있다고 생각했지만, 이번에도 분석가의 의지대로 말의 흐름을 바꾸기로 한다.

"좋아요"라고 여인은 말했다. 그건 마치 당신이 원하신다면 이번만은 원하는 대로 해주겠어요, 라는 양보 또는 체념, 혹은 일종의 굴복과 같은 뉘앙스를 흘리는 음성이었다. 여인의 목소리에는 어떤 종류의 자기희생적 만족과 같은 것, 피학증자의 그것과 유사한 분위기가 배어 있었다.

이야기는 분석가의 요청대로 아버지의 애인들에 관한 이야기를, 상당히 자세한 '잡년'들의 리스트를 중심으로 흐르기 시작한다. 그녀의 기억은 아주 어린 시절 목격한 낯선 여자와 아버지의 포옹 장면에서, 심지어는 최근에 아버지의 침실에서 발견된 여자 속옷에 이르기까지 다양한 정보들을 포함하고 있었다. 그러나 이 모든 이야기들 속에는 어떤 원망의 목소리도 발견되지 않았다. 아니면 이 모든 장황한 리스트들의 이면에, 무의식의 저편에 아버지에 대한 원망이 존재할지도 몰랐다. 그러나 분석가는 그렇게 생각하지 않았다. 그보다는, 그녀는 정말로 자신의 아버지를 아들처럼 생각하고 있는 듯했다. 아버지의 여성편력은 아

들의 그것처럼 남사스럽긴 해도 때로는 자랑스러울 수도 있었
다. 최소한 매력이 없어 여성들에게 소외당하는 아들보다는 모
두의 사랑을 독차지하는 아들이, 혹은 그러한 위치에 있는 아버
지가 '모두의 어머니'였던 그녀에게는 원망할 대상은 아니었던
것 같다. 분석가는 이번에도 여성의 이야기의 표면에서 모순을
발견할 수 없었다. 여인의 삶은 특별하긴 했어도, 거식증을 일으
킬 만큼 외상적인 배경, 즉 상처를 갖고 있지는 않은 듯 보였다.
그러나 그것은 표면적인 인상에 불과했다. 여인의 장황하지만
조리 있는 이야기들의 중심에는 너무도 당연하지만, 그럼에도
완벽하게 은폐된 한 가지 사실이 숨어 있었기 때문이다. 분석가
가 숨겨진 그것을 발음한다.
"여자 한 명이 여전히 기다리고 있네요."
그렇게 말하고, 분석은 또 한 번 갑작스런 방식으로 끝난다. 분
석가는 책상 위의 전화기를 집어 들었고, 어디론가 황급히 전화
거는 시늉을 했으므로, 여인은 이번에도 쫓기듯 상담치료실을
나갈 수밖에 없었다. 분석가가 전화를 걸었던 저편의 존재가 바
로 그가 기다리고 있는 한 명의 여자인지, 아니면 전혀 다른 누
군가인지 알지 못한 채.

이후의 분석에서 거식증 여인은 자신의 잘 짜인 삶의 소설이 감
추고 있었던 상당량의 정보에 접근할 수 있게 되었다. 여인은 어
째서 자신의 이야기 속에서 한 명의 여인이, 혹은 두 명일 수 있
는 그녀들이 빠져 있는지 점차로 인식하기 시작했다. 그것은 딸

보서의 자기 자신과 그녀의 진짜 어머니였다(그 둘은 하나의 자리에 다름 아니다). 가족사의 소설 속에는 언제나 어머니 역할을 하는 자신과 아들 역할을 하는 아버지가 있을 뿐이었다. 이 모든 사실을 분석가는 단지 그녀의 말 속에서 출현하는 모순된 표현들이나 용어의 실수들을 간단히 강조하는 방식으로 그녀 스스로 그것에 접근하도록 유도했다. 길고 지루하며 때로는 길을 잃기도 하는 이러한 과정들 속에서 그녀는 마치 스스로가 자신의 인생에 관한 숨겨진 전혀 다른 역사를 소설로 써나가는 듯한 느낌을 받았다. 선명했던 삶의 이야기들이 갑작스레 수수께끼투성이의 추리소설로 변질된 느낌마저 들었다.

이야기 속에서 분석가는 한 명의 등장인물이긴 했지만, 매우 아리송한 역할을 수행할 뿐이었다. 때로는 현명한 안내자와 같아 보였지만 때로는 말도 안 되는 행동으로 이야기 전체를 망쳐버리는 방해자와 같았다. 처음에 그녀는 분석가를 상당한 지식의 소유자로 존중했지만 이제 6개월의 분석이 지난 시점에서는 그마저도 의심스러울 뿐이다. 분석가는 여전히 진지했고 도움을 주려는 뚜렷한 의지를 표명하고 있었지만, 어떤 확실함도 전해줄 수 없는 무능력을 표상하는 듯 보이기도 했다. 그렇다. 분석가는 아주 자주 그녀의 이야기가 완성될 듯하면 끼어들어 결론을 망쳐버리는 방해자였다. 그는 그녀의 이야기가 비로소 발견된 퍼즐 속에서 완성될 듯한 순간에 갑작스레 뛰어들어 전혀 다른 방향으로 소설의 흐름을 돌려버리곤 하는 악당과 같았다. 분석이 끝난 뒤, 오랜 시간이 흐른 후에 여인의 기억 속에서 분석가는 그렇게 이야기의 완성을 방해하는 자로 남게 된다. 그는 의미를 믿지 않는 자, 혹우 완결된 이야기에 대한 허무주의자였다. 그러나 아직은 아니다. 아직 그녀는 분석가가 무언가 최종석인 이야기를 듣기 위해, 가장 진실한 지식을 얻어내기 위해 자신 앞에서 연극을 할 뿐이라고 믿고 있다. 분석이 여전히 진행되는 동안에는 이러한 확신이 잔존했으며, 이에 응답하기 위해 그녀 나름대로 고군분투했던 것 역시 사실이었다. 그리하여 이르게 된 분석의 최종적인 장소를 그녀는 이렇게 기억한다.

"그래, 내가 진정으로 원망하는 것은 어머니였고, 나는 그러한 원망을 즐기기까지 했던 거야. 정말 이상한 일이지 뭐야?"

거식증 여인이 기억하지 못했던, 그럼에도 여인의 어린 시절을 지배하는 추억의 중심에는 어머니와의 분쟁이 있었다. 어머니는 아버지의 잦은 외도로 인해서 언제나 공격적이었고, 그녀에게도 엄격했다. 그녀는 어머니의 요구를 만족시키기 위해 착하고 성실한 아이가 되어야 했지만, 때로는 어머니를 화나게 하는 일을 통해 만족을 얻기도 했는데, 많은 아이들이 하듯 음식을 거부하는 것으로 그렇게 했다. 차갑고 공격적이었던 어머니는 여인이 식사를 거부하는 순간에는 자제력을 잃곤 했다. 단편적으로 떠오르는 여인의 기억 속에서 그녀의 어머니에 대한 복수는 음식물을 매개로 해서 진행되었고, 그럴 때마다 아버지가 개입했다. 자제력을 상실한 어머니와, 아버지의 중재라는 기억은 이후 그녀의 기억 속에서 하나의 환상을 구성하게 된다. 음식을 거부하는 그녀와, 그러한 그녀를 지지해주는 아버지. 그리고 어머니에 대한 복수.

아버지와 어머니의 이혼 이후 스스로가 어머니의 역할을 대신하기 시작하면서 오히려 사정은 나아졌다. 아버지는 마음껏 외도를 즐길 수 있었고, 어머니는 가족-시네마에서 종적을 감추었다. 그 대신 그녀 자신이 어머니의 역할을 수행하면서, 심지어는 아버지의 어머니 역할까지 대신하면서 모든 것은 잠정적인 안정 상태로 진입했던 것이다. 그녀가 어머니라는 기표를 짊어지고 있는 한, 그녀의 심리적 구조 속에서 어머니와의 분쟁이라는 과거의 트라우마는 다시 출현할 장소를 갖지 못했고, 아버지에 대한 독점적 사랑 역시 은폐되었다. 그렇게 청소년기가 지나고, 대학원에 진학 중이던 2년 전 그녀가 스스로의 위치를 변경하게 되는 사건이 있기 전까지는 그랬다.

2년 전 그녀는 늦은 나이에 첫 경험을 하게 되었다고 했다. 그녀보다 다섯 살 연상이던 남자친구를 만나게 되어 데이트를 시작했는데, 그녀는 이전의 거의 모든 남자들에게 그렇게 했듯이 그를 아이 취급했다. 여기서도 그녀는 어머니의 역할을 도맡았고, 그의 많은 것들을 챙겨주는 역할을 수행했다. 그러나 이번에는 사정이 조금 달랐는데, 육체적인 관계를 맺기 시작하면서부터 그랬다. 여인은 더 이상 그에 대해서 어머니와 같은 역할을 할 수가 없게 된 것이다. 어머니는 아들과 섹스를 할 수 없기 때문이다. 만일 그녀가 한 남자의 성적 파트너가 됨으로써 '모두의 어머니'로서의 역할을 그만두게 된다면, 그녀의 심리적 지도 속에서 어머니의 자리가 비워진다. 그렇게 되면, 그녀의 진짜 어머니에 대한 기억이 바로 이 자리를 차지하기 위해 환기되기 시작할 것이고, 여인의 정체성을 구성하는 가장 중요한 축이 무너지게 된다. 그것은 바로 아버지에 대한 그녀 자신의 사랑이었다. 어머니와의 경쟁 관계 속에서 승리함으로써 차지하게 된 아버지의 연인으로서의 자리, 이곳을 '어머니'라는 기표로 막아놓지 않는다면, 그녀는 그녀 자신이 '잡년'이 되어야 하는 상황에 처하게 된다. 그녀의 어머니가 그토록 반복하여 비난하던 아버지의 여인들이었던 '잡년'들과 자신을 동일시하게 될 것이기 때문이다.

거식증 증세를 보이기 시작한 것은 바로 그 순간부터였다. 남자친구와 섹스를 했던 그날 이후, 그녀는 음식을 거부하기 시작했다. 그녀가 어린 시절 어머니와의 관계 속에서 묻어두었던 원망과 죄책감의 혼합된 감정에 저항하는 수단이 바로 음식에 대한 거부였던 것이다. 이를 통해서 그녀는 음식물 대신 텅 빈 것, 즉 공백을 먹기 시작했다. 그 공백은 어머니에 대한 복수의 만족과 아버지의 위로라는 근친상간적 만족을 동시에 담고 있었다. 거식증은 이 모든 금지된 욕망에 잡아먹히지 않는 동시에, 또한 그것을 즐길 수 있도록 하는 이중성을 가진 무의식의 전략, 공백에의 중독이었다.

"그렇게 된 것이었군요."
1년간 지속된 분석의 끝에서 그녀가 말할 수 있었던 것은 그런 문장이 전부였다. 그렇다. 그녀가 알지 못하는 그녀의 역사 속에는 은밀한 힘이 작동하고 있었다. 이제 그녀는 그것을 알게 되었고, 자신이 은폐하려 했던 무의식에 대해서 지식을 얻게 되었다. '그러나 어쨌단 말인가?'라고 여자는 생각한다. 거식증은 여전히 호전되지 않았다. 분석의 끝에서 그녀는 좀 더 현명해졌으며, 세상이 그저 눈에 보이는 대로 흐르고 있었던 것은 아니라는 사실을 알게 되었지만, 그러나 그게 어쨌단 말인가? 분석을 시작한 것은 거식증 때문이었지, 인생에 대한 철학적 지식을 얻기 위한 것은 아니지 않았던가? 그녀의 거식증이 치명적인 순간에 도달하지 않도록 도와준 것은 오히려 신경정신과에서 처방해준 식욕 촉진제였다. 분석치료는 그녀에게 그 어떤 실질적, 병리적인 도움도 준 것 같지 않다. 게다가 분석의 끝 무렵에 보여준 분석가의 태도는 그녀의 이러한 의심을 부채질할 뿐이었다.
"맞습니다. 큰 의미는 없습니다."
분석가는 여인의 질문에 그렇게 대답하곤 했다. 여인이 자신의 과거사에 대한 비밀을 알게 된 것이 거식증의 치료에 일말의 의미를 갖는 것인지를 물을 때마다 분석가는 그렇게 피해가듯 대답했다.

"그렇다면 무엇이 도움이 될까요? 무엇이 거식증과 관련해서 의미 있는 일이었을까요?"

여자는 질문했고, 이에 대한 분석가의 대답은 이러했다.

"직업을 바꾸게 되면 나아질 겁니다. 자신에게 맞는 직업으로 말입니다."

분석을 마치고도 이 문장은 오래도록 여인의 머릿속에 남아 있었다. "그는 유령 같은 사람이었고, 말도 유령처럼 했어"라고 여인은 그를 기억했다. 새로 사귄 동료들에게도 그녀는 그에 대해서 그런 식으로 말했다.

"직업을 바꾸다니, 난 오래전부터 법관이 되고 싶었고, 게다가 당시에는 이미 변호사 자격시험에 합격한 후였다구. 그는 내가 변호사가 될 걸 알고 있었는데도 그런 말을 했어. 정말 알 수 없는 사람이었다니까."

말을 하면서 그녀는 어쩌면 그가 자신의 어머니라는 추상적 직업에서 변호사로서의 역할로의 변화를 의미한 것은 아닐까 생각했다. 그러나 더 이상 그것이 의미하는 바를 질문할 수 없게 되었고(분석은 이미 끝났다), 그녀는 그저 스스로 새로운 직업에 몰두할 수밖에 없게 되었다. 그런데 변호사 개업을 하던 바로 그 시기에 그녀의 거식 증세가 사라졌다. 분석가가 예언했던 것처럼, 직업과 관련하여 새로운 일들이 시작되자 여인은 이제 더 이상 공백을 먹지 않게 된 것이다. 그녀는 훗날 어렴풋이 이런 생각을 하게 될지도 몰랐다.

"아마도 내가 다시 어머니 역할을 하게 되었기 때문일지도 몰라. 이번에는 모든 악당들, 잡놈과 잡년들을 변호하는 그런 어머니 말이야."

실제로 그녀는 이후 그런 변호사가 되었는데, 그녀가 이번에 맡게 된 어머니의 역할은 너무도 추상적이고 상징적이어서 도무지 어떤 흔들림에도 자신의 진짜 어머니에게 자리를 내어줄 수 없는 그러한 역할이었다. 변호사로서의 '모두의 어머니', 그것은 그녀가 애초에 법관이라는 꿈에 관해서 말했던 '타자에 대한 원망의 법관'이 아니었다는 사실을 그녀는 기억하고 있을까?[2] 그녀는 악당들을 잡아넣고 정의를 바로 세우는 그러한 판사가 되고 싶다고 했었다. 그러나 분석 중에 그녀의 생각은 바뀌었고, 그녀는 판사가 되는 대신 변호사가 된다. 이러한 변화가 단지 우연이었을까?

짝수 논리의
인생 소설

거식증 여인이 분석치료라는 이름으로 경험하게 되는 일련의 과정들이 우리에게 주는 인상은 무엇인가? 우리가 말할 수 있는 최소한의 것은 그것이 일반적 임상의학의 치료 방식은 아니

---

2 그녀가 애초에 되기를 원했던 것은 판사로서의 법관이었다. 프랑스 사법제도에서 판사가 된다는 것은 검사의 역할을 겸한다는 것을 의미한다. 따라서 그녀는 조사하고 판결하는 심판자의 역할을 원했던 이전의 꿈을 변호하고 도와주는 변호사의 역할로 바꾼 것이다.

라는 사실이다. 분석치료는 임상의학이 하듯 환자를 이전의 상태, 정상이었다고 가정된 상태로 되돌리지 않는다. 분석은 오히려 환자를 그가 아직 알지 못하는 미래에로 개방한다. 만일 임상의학이 객관성의 과학이라면 정신분석은 주체성의 과학이라 할 만하다. 다시 여인의 사례로 돌아가 그녀를 분석했던 과정을 도식화해보면 둘 사이의 차이는 더욱 선명해진다.

여인이 이야기를 시작한다. 병에 대한 지식과 삶에 대한 지식을 말하는 그녀는 자신도 모르는 새에 이 모든 이야기들이 의미를 가질 수 있도록 조율한다. 이러한 행동은 이야기를 듣는 타자에 대한 최소한의 배려로 간주된다. 그런데 담화의 조율과 통제의 주인은 그녀 자신이었을까? 우리는 세바스천 나잇의 사례를 통해서 그와 같은 조율의 주체가 타자라는 사실을 이미 확인했다. 그녀의 말을 지배하는 논리의 주인은 그녀가 속한 사회-언어적 권력인 타자였다. 이것이 그녀의 의식을 구성하는 질서이며, 그녀가 말을 하면서 지배받게 되는 실질적 지배자이다. 따라서 그녀의 이야기 속에서 건설되고 있는 그녀 자신의 인생-소설의 전체적 이미지는 결코 그녀 자신의 것이 될 수 없다. 그것은 마치 어린아이의 미래를 구상하는 부모의 욕망에 의해 아이의 삶이 상상되고 계획되어 마침내 실현되는 과정과도 같다. 언젠가 아이가 성인이 되어 스스로의 삶을 만들어갈 수 있는 위치에 놓인다고 해도, 아이는 욕망하는 법 자체를 배웠던 부모의 문법으로부터 결코 자유로울 수 없다.

마찬가지 이유에서 여인의 인생-소설은 타자로서의 부모와의 관계에 의해 지배되고 있었다. 먼저, 여인은 아버지와의 사랑의 관계를 은폐하기 위한 말들의 질서를 따르고 있었으며, 보다 근본적인 차원에서는 어머니에 대한 원망과 복수, 그리고 승리에 따른 죄책감의 차원에서 거짓된 세계관을 만들어내고 있었다. 거식증 여인은 아버지에 대해서 어머니의 위치를 점하게 됨으로써, 혹은 세상의 모든 남자들에 대해서도 마찬가지 위치를 점하게 됨으로써 실제 어머니의 딸로서 겪었던 원한과 복수와 만족의 심리적 기억들을 억압할 수 있었다. 어린 시절의 특정한 기억을 억압하는 동시에 그렇게 억압된 자리의 주변에서 거짓된 환상을 만들어내고 이것을 통해 만족을 추구하는 것이 여인이 세상을 살아가는 주요한 방식이었던 것이다. 정신분석에서는 이러한 환상을 '근본환상fantasme fondamental'이라고 부른다. 분석의 대부분의 절차는 바로 이렇게 억압되어 무의식의 저편에 숨겨진 환상을 찾아내는 것, 혹은 재구성해내는 과정으로 이루어진다. 이를 쉽게 설명하면 아래와 같은 도식이 된다.

$$여인의\ 말(인생\text{-}소설) = \{2, 4, 6, 8, 10, 12, \cdots\}$$

도식에서 표현된 것처럼 여인은 자신의 인생을 짝수로 파악한다. 우리는 짝수라는 개념을 여인이 자신과 세상이 맺는 관계에서 어머니로서의 자리를 차지하는 방식이라고 임의로 규정할 수 있을 것이다. 쉽게 말해서, 여인이 자신의 존재를 가족 내에서의 모두의 어머니로 파악하며, 그렇게 파악된 생각들을 분석가에게 말하는 방식을 짝수 논리로 규정해보자는 것이다. 여인은 그와 같은 논리 속에서 분석가에게 이야기를 들려줄 것이고, 스스로도 그렇게 세상을 파악하고 행동한다(그녀에게 세상은 오직 짝수 논리이다). 짝수 논리 이야기의 내레이션은 분석이 진행되는 동안 무한히 이어질 수 있다. 짝수 논리 속에서 여인의 삶은 무한히 변주되며, 어머니로서의 역할을 끝도 없이 수행해나갈 수 있다. 그런데 이와 같은 짝수 논리의 발화들이 일탈하지 않기 위해서는 무언가 강한 힘이 이면에 전제되어야 한다. 이것은 간단히 짝수의 집합을 반복하여 말하는 훈련 속에서 충분히 경험할 수 있는 필요성이기도 한데, 옆의 그림을 통해 그와 같은 자연스러운 행위의 예기치 못한 어려움을 인식할 수 있게 된다. 그림은 폴란드 출신의 프랑스 작가 로만 오팔카라는 화가의 작품이다. 그는 평생을 동일한 논리 속에서 그림을 완성했던 작가로 유명한데, 그 논리 혹은 원칙이라는 것은 다음과 같다. 즉, '0으로부터 출발하여 끝없는 자연수의 집합을 화면에 써나갈 것'이 그것이다. 그림을 자세히 들여다보면서 알게 되는 사실은, 화면이 하나의 거대한 숫자의 나열로 이루어져 있다는 것이다.

로만 오팔카는 이러한 연작을 시작한 이래로 죽는 그날까지 '이어지는 자연수'를 써나갔다. 1 다음에는 2가 오고, 동일한 방식으로 60000000000 다음에는 60000000001이 오고, 그리하여 40여년이 지난 시점에서는 도무지 몇 십억 번째 숫자인지 알

그림을 완성하고 있는 로만 오팔카.

수 없을 거대한 수를 쓰고, 다시 그다음 수를 쓰는 방식으로 그림의 감상자들을 질리게 만들었다. 그의 그림은 이렇게 단순하게 반복되는 행위의 흔적이 있으며, 그것은 마치 멋지게 그려진 모노크롬 회화처럼 감상자를 매혹시킨다. 여기서 재미있는 사실은, 오팔카의 이러한 그림이 생각처럼 쉽게 그려지는 것은 아니었다는 사실이다. 숫자가 점점 커지기 시작하면서 실수 또는 오류를 피해 갈 수 없었기 때문이다. 60000000000의 숫자 다음에 60000000001이 와야 하는데 60000000003이 오거나 50000000001이 오는 식의 실수가 자주 발생했다. 그래서 오팔카가 고안해낸 방법은 숫자를 입으로 발음하면서 그 목소리를 녹음해두는 방식으로 써나가는 것이었다. 숫자를 써나가는 도중에 오류가 발생했다는 것이 밝혀지면 녹음된 목소리에서 오류의 지점을 찾아내어 다시 써나가는 방식으로 최대한 오류를 교정하려고 했다. 오팔카의 이러한 노력과 기이한 열정에 대해서 우리는 그가 '무한'이라는 개념을 표현하고자 했다고 가정할 수 있다. 그는 자연수의 무한히 확장되는 과정을 이미지화함으로써 유한한 인간 존재의 무한에 대한 욕망을 표현하고 있었다. 그러나 우리는 동일한 관점에서 정반대의 이야기를 할 수도 있다. 즉, 그의 그림은 자연수라는 일관된 논리의 질서를 추구하는 과정에서 발생하는 오류의 지점들을 보여주고 있으며, 바로 이러한 오류의 지점들에 저항하기 위해 쓰이는 논리적 자연수의 방어, 실패할 수밖에 없는 운명인 그것이 이미지화된 작품에 다름 아니라고 말이다. 쉽게 말해서, 그림의 이미지를 지배하는 것은 오류에 대한 자연수적 질서의 거대한 방어이다. 혹은 예측 불가능성(무한)에 대한 예측 가능성(유한성)의 방어이다. 마치 자신의 억압된 근본환상의 충동을 은폐하기 위해서 짝수 논리의 이야기를 끝없이 이어가는 거식증 여인의 방어적 담화처럼 말이다. 거식증 여인과 오팔카 모두 비정규적인 지점의 출현에 저항하기 위해 질서를 추구하고 있다. 그런데 질서에 대한 강박은 오히려 비질서의 실존을 증언한다. 오팔카는 자연수의 무한 확장이라는 안정된 무한 개념(오메가0 또는 가무한)에 매달리면서 진정한 무한(실무한)이라고도 할 수 있을 비정규적 양의 초과에 대해 방어하는 모습을 보여주었고,[3] 같은 방식으로, 거식증 여인은 '모두의 어머니'라는 잘 들어맞는 가상적 시나리오(짝수 논리) 속으로 삶의 가능성을 제한함으로써 그것이 억압하고 있는 비정규적인 충동의 지점을 은폐하고 있었다.

분석가가 찾아내야 하는 것은 짝수 논리가 뒤엉키는 부분이며, 이것을 정신분석은 말실수, 실착 등의 언어적 오류 속에서 찾아낸다. 아래의 도식은 그와 같은 말실수의 부분이 출현하는 순간을 단순화한 것이다.

$$여인의\ 말(인생-소설) = \{2, 4, 6, 7, 10, 12, \cdots\}$$

짝수 집합 속에서 우리는 8의 자리에 7이 온 것을 알 수 있다. 로만 오팔카의 자연수 나열 속에서 출현하는 오류들과 마찬가지

---

3 측정 불가능한 양적 초과로서의 무한에 대해서는 멱집합의 초과를 들 수 있다. 이에 대해서는 2장 '고독의 절차'를 참조.

로 짝수 연속의 나열들 속에서도 이러한 오류들은 출현하지만 그러나 주의를 기울이지 않는다면 그것들은 주목받지 못한다. 질서 속의 오류들은 말 그대로 단순하고 무의식적인 실수로 치부되어 잊히기 십상이다. 오팔카는 그러한 망각을 교정하고 자연수적 논리를 강화하기 위하여 녹음기를 사용했지만, 분석가라면 오히려 그와 같은 오류의 출현을 반가워할 것이다. 왜냐하면 그러한 논리적 뒤엉킴의 순간, 즉 실수의 순간이야말로 짝수적 논리가 은폐하고 있는 무의식의 장소로 내려가는 입구가 되어줄 것이기 때문이다.

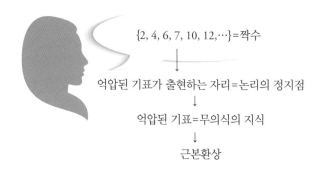

$\{2, 4, 6, 7, 10, 12, \cdots\}$=짝수

억압된 기표가 출현하는 자리=논리의 정지점

억압된 기표=무의식의 지식

근본환상

거식증 여인의 경우 자신의 안정된 삶의 논리들을 벗어나는 말 실수는 아버지를 '잡놈'이라고 부르는 것으로부터 시작되었다. 이를 통해서 분석가는 여인 스스로 자신의 삶의 역사가 주장하는 짝수 논리를 의심하도록 만들었고, 그 이면에 숨겨진 다른

'초과적 수'가 존재할 수 있음을 암시하는 과정으로 여인을 이끌고 갔다. 물론 '잡놈'이라는 말 자체는 그 어떤 암시적 의미도 갖지 않는다. 여인의 무의식 속에서 아버지의 위치는 결코 부정적인 의미를 갖지 않았기 때문이다. 그보다는, '잡놈'이라는 말 실수는 '잡년'이라는 단어에 주목할 수 있도록 해준 단순한 실수였으며, '잡년'이라는 단어 속에서 그녀 자신의 어머니로서의 위치와 진짜 어머니의 사라진 존재의 위치를 뒤집어 환기하게 되는 계기를 마련해줄 뿐이었다.

정신분석이 무의식을 탐사해 들어가는 방식은 이렇게 말들의 의미가 아니라 위치에 주목함으로써 이루어진다. 분석이 궁극적으로 주목하는 것은 환자의 담화가 지배받는 논리가 느슨해지는 순간 출현하는 공백이기 때문이다. 그것은 순수한 균열이며 공간적 대상이지 초월적 의미가 아니다. 분석가는 바로 이러한 공백을 발견하고 이곳에서 구성된 환자와 대타자(부모)의 위치-관계를 파악해낸다. 그리고 이러한 파악을 환자 스스로 발견하도록 돕는다. 여기서 환자는 자신의 삶 전체를 지배하는 논리가 공백을 사이에 두고 아버지나 어머니 혹은 그에 준하는 어린 시절의 타자와 맺었던 욕망과 원한의 관계에 토대한다는 사실을 깨닫게 될 것이다. 어린 시절의 자신이 욕망하는 것을 얻어내기 위해, 혹은 그러한 욕망의 좌절에 대해서 복수하기 위해 만들어낸 환상의 구조로부터 모든 삶의 구체적 장애들이 출현하고 있다는 사실 말이다. 물론 이러한 근본적 환상의 구조는 그럴싸

한 삶의 논리에 의해 은폐된다. 만일 그렇지 않다면 환상의 주인 공인 환자의 삶은 죄책감이나 원한의 무게로 인해 짓이겨질 것이기 때문이다.

다시 오팔카의 그림 이야기로 돌아가 우리의 논점을 명확히 해보자. 오팔카의 자연수 연속 그림의 이미지들을 지탱하는 욕망은 그러한 이미지들이 논리 속에서 계속되기를 희망하는 것이었다. 뒤집어 말하면, 오팔카의 그림들이 그려지는 힘은, 오류가 출현하는 것에 방어하기 위함이었다. 오팔카는 잘못 연속된 숫자가 나타나지 않도록 하기 위해 자신의 모든 주의를 집중한다. 따라서 오팔카의 그림이 가진 논리를 지탱하는 진정한 동력은 오류 자체라고 할 수 있다. 오류의 지점을 중심으로 이것을 은폐하기 위한 일관성의 질서가 출현한 것이기 때문이다. 같은 현상이 무의식의 지점에서도 발생한다. 삶의 안정된 질서, 정신분석이 쾌락원칙과 현실원칙이라고 부르는 질서가 균열을 일으키는 오류의 지점이 발생하면, 그것을 은폐하고 억압하기 위한 하나의 일관성이 필연적으로 출현한다. 이와 같은 일관성이 곧 삶에 대한 논리적 환상이다. 도식에서 그것은 짝수 논리였고, 거식증 여인의 사례에서는 '모두의 어머니' 논리였다. 한번 형성된 이와 같은 논리는 삶의 모든 차원을 포획하여 지배하려고 든다. 환상의 지배는 삶을 안정화시키며, 억압된 외상적 기억으로부터 주체를 보호해준다는 점에서, 인간 일반의 세계관 자체가 그것에 기반해 있다고도 할 수 있다. 단순화해서 말하면, 인간이 세계를 안정된 공간으로 사유하는 것, 즉 역사를 하나의 사건 다음에 다른 하나의 사건이 연속되는 질서 정연한 이미지 속에서 상상하며, 남녀의 성을 조화로운 대응 관계로 파악하거나, 세계의 종말을 신에 의한 은혜로운 완결로 그리는 등의 모든 사유 활동은 하나의 논리적 환상이며, 그 이면에 존재하는 억압된 진실, 즉 텅 빈 허무로서의 세계, 인간에게는 전혀 무관심한 세계의 카오스적 현실에 대한 코스모스적 방어에 다름 아니라고 할 수 있다. 더욱 근본적인 방식으로 표현한다면, 결국 인간의 세계에 대한 모든 지식은 환영적이며, 지식의 그와 같은 환영적 성격은 진짜 지식, 치명적일 뿐인 그것에 대한 거부로부터 비롯된 것이다. 거식증 여인이 어머니에 대한 원한과 아버지에 대한 욕망의 기억을 억압하기 위해 또 다른 가상적 지식인 세계의 환상을 만들어낸 것처럼 말이다.

근본환상과
공백

이제까지의 논의를 따라오던 독자들 중의 한 명이 다음과 같은 질문을 던질 수도 있다. "정신분석의 이 모든 논의는 사실상 일반 임상의학의 진단과 치료 과정에 다름 아니지 않은가?"라고.

만일 정신분석이 표면적인 삶의 논리를 거부하고 보다 깊은 곳에 숨겨진 진실을 찾아내어 그것을 환자에게 알도록 하는 치료 과정을 전제한다면, 깊은 일들이 암의 치료나 소화불량 치료 과정에서도 일어나고 있다고 말이다. 예를 들어보자. 환자가 소화불량을 호소한다. 의사는 환자의 표면적 반응들을 살핀다. 혈색이나 체온 혹은 환자의 증언들을 수집한다. 환자는 자신의 소화불량이 반복되는 과식 때문은 아니었는지 등의 자가 진단을 증언할 수도 있다. 의사는 이 모든 표면적 증상들이 감추고 있는 보다 심층적인 원인이 무엇인지 스스로 질문한다. 자신에게 주어지는 정보들을 모두 수집하고 이것들 사이의 논리적 연결 관계를 파악하려고 노력한 뒤에, 정보들의 표면적 효과 이면에 숨겨진 심층적 진실에 접근하려고 노력할 것이다. 바로 이것이 셜록 홈즈의 추리 과정이기도 하며, 근대과학이 진실에 접근하는 방식이기도 하다. 그리고 같은 이야기를 정신분석치료 과정에 적용시킬 수도 있다.

분석가는 환자에 의해 연상되는 이야기들을 듣고, 그곳에 존재하는 표면적 논리들 이면에 억압된 심층적 논리가 있다고 가정하기 때문이다. 그러나 둘 사이에는 환원 불가능한 결정적 차이가 존재하는데, 그것은 다음과 같다. 즉, 일반 임상의학이 표면적 논리와 심층적 논리 사이에, 혹은 증상과 원인 사이에 하나의 일관된 질서를 가정하는 반면, 정신분석은 오직 단절만을 가정한다는 사실이다. 임상의학은 환자의 증상들이 하나의 질서 속에서 셈해질 수 있다고 가정한다. 예를 들어 기침을 하고, 가래가 생기며, 열이 나는 서로 다른 증상들을 묶어주는 하나의 이름, 즉 감기라는 이름이 존재한다. 감기는 하나의 원인으로서 이 모든 증상들을 단일한 집합으로 구성할 수 있게 해준다. 실제로 감기 바이러스는 이 모든 다양한 증상들의 원인이 될 수 있기 때문이다. 반면 우리가 앞서 다루었던 거식증의 경우 원인과 증상은 단절되어 있다. 물론 표면적인 연관성이 존재할 수는 있다. 왜냐하면 여인의 거식증의 원인은 여인의 근본환상에 있었기 때문이다. 여인이 어머니의 욕망에 저항하던 유아기의 방식이 음식물 거부였다는 사실은 근본환상으로 응축되어 여인의 삶의 질서를 지배하고 있었으며, 이러한 환상이 여인의 삶의 질서, 또 다른 환상이었던 그것이 흔들리게 되는 순간 출현하여 섭식 장애를 일으켰기 때문이다. 그러나 우리가 유의해야 할 것은, 거식증의 원인이 근본환상으로부터 출현했지만 근본환상의 원인은 또한 무엇이었는지를 질문해야 한다는 사실이다. 근본환상은 어째서 생겨났는가, 그것은 왜 그와 같은 형상으로 구성되었는가에 대한 질문 말이다. 그것은 바로 아이의 욕망이 부모의 욕망에 반응하는 방식이었다.

아이는 부모의 욕망의 대상이 되고자 한다. 아이는 부모의 모든 것이 되고자 한다. 그러나 동시에 부모의 욕망은 아이에게 불확실한 위협이기도 하다. 아이는 그것이 되고 싶지만 또한 그것이 무엇인지 알 수 없어 불안해한다. 아이와 부모 사이에 흐르는 욕망의 흐름은 그렇게 언제나 불확정적이며 때로는 위협적이다. 이것을 도식적으로 설명하면, 아이에게 부모의 욕망이란 하나의 거대한 구멍 또는 공백과도 같은 형상으로 묘사될 수 있다. 아무것도 없는 공백이 아니라, 무언가의 에너지로 가득 차 있음에도 질서가 부여되지 않은 카오스로서의 구멍, 블랙홀과 같은 공백 말이다. 바로 이러한 공백에 대한 아이의 반응이 근본환상으로 구성된다. 아이는 부모의 욕망의 블랙홀로 빨려 들어가지 않기 위해 하나의 시나리오를 구성해내고 그것을 근본환상으로 간직한다. 그러나 이러한 시나리오는 아직 초자아의 검열을 받지 않은 시나리오이다. 이것은 아이가 블랙홀과 관련하여 자신의 충동을 만족시키는 하나의 통로일 뿐이며, 세계를 구성하는 도덕적 질서에는 적합하지 않다. 그리하여 출현하는 것이 최초의 시나리오에 대한 왜곡이며, 이것이 아이의 이후의 삶을 지탱하는 논리가 된다. 이와 같은 환상들, 억압을 야기하는 환상과 그 억압의 대상이 되고 있는 근본환상 모두는 아이의 충동과 상실의 자리인 공백의 관계로부터 야기되는 산물이다. 따라서 모든 환상은 주체와 공백의 긴장 관계 속에서 출현하는데, 이러한 출현에는 어떠한 보편적 범주론도 적용될 수 없다. 모두의 환상은 모두의 개별적 역사에 기반하기 때문이다. 따라서 증상과 원인(공백) 사이의 관계로서의 환상은 분석가가 환자 개개인의 역사 속으로 들어가보지 않고서는 결코 알아낼 수 없는 개별성의 차원에 속한다.

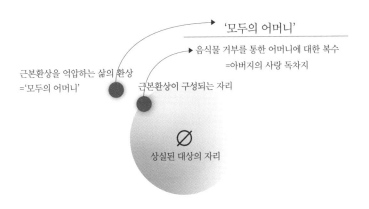

근본환상을 억압하는 삶의 환상
='모두의 어머니'

'모두의 어머니'

음식물 거부를 통한 어머니에 대한 복수
=아버지의 사랑 독차지

근본환상이 구성되는 자리

∅
상실된 대상의 자리

그런 의미에서, 정신분석이 모든 증상과 장애의 원인으로 다루는 대상은 공백이다. 그것은 정신 속에 존재하는 진공의 실체 따위는 아닌, 언어 활동의 산물일 뿐이다. 바로 여기에서 일반 임상의학과 정신분석의 또 다른 차이가 선명하게 드러난다. 정신분석은 인간 정신을 철저하게 언어적 활동의 산물로 보며, 그러한 활동의 지배가 다른 모든 생물학적 효과들을 지배한다고 생각한다. 분석치료가 언어치료에 한정되며, 최면이나 약물치료를 배제하는 이유가 여기에 있다. 치료에서 문제가 되는 것은 결국 충동이며, 라깡 정신분석이 삶 또는 죽음 충동이라 부르는 것은 본능이 아닌 언어적 파생물이다. 그러나 일반의학과 정신분석의 차이는 여기에서 멈추지 않는다. 앞선 두 가지보다 더욱 근본적인 차이는 정신분석이 여전히 주체라는 개념을 포기하지 않음으로 인해서 발생한다. 만일 정신분석이 공백의 주위를 둘러싸고 있는 삶의 논리들이 균열을 발생시키는 지점들에 주목하고, 그곳을 통하여 공백의 가장자리로 하강하는 모험을 환자에게 제안한다면, 그리하여 만나게 되는 가장 근본적인 논리, 즉 근본환상과 환자가 마주할 수 있게 한다면, 분석은 절반의 과정을 마친 것이 된다. 하지만 그것이 전부는 아니다. 근본환상은 공백을 가로막고 있는 가장 최종적인 환상이지 원인 그 자체는 아니기 때문이다. 원인은 공백이며, 바로 그것과 주체가 대면하는 것이 중요한데, 라깡은 이것을 '환상의 횡단'이라고 부른다. 당연한 이야기지만, '무nothing'와 대면하기 위해서는 그 어떤 것에도 의존하지 않아야 한다. 만일 무언가의 지식에 의존하여 공백을 대면한다면, 공백은 그것의 비존재적 속성으로 인해 주체가 의존하는 지식에 오염될 수밖에 없다. 바로 이것이 환상의 횡단의 어려움이다. 모든 환상을 횡단하여, 모든 것이 시작된 빈자리에 어떻게 도달할 수 있는가의 문제.

고흐의 〈해바라기〉와
환상의 횡단

정신분석치료의 어려움을 설명하기 위해서 우리가 소환할 수 있는 가장 적절한 예술가는 반 고흐이다. 라깡이 평소 질색했던 것처럼, 우리가 하려는 것은 인간 고흐에 대한 정신분석은 아니다. 그보다는 고흐의 작품이 가진 미술사적 위치에 대한 분석을 통해, 미술사 스스로가 어떻게 환상의 횡단이라는 실천을 만들어냈는지를 설명하고자 한다. 이것은 분석 과정에 대한 일종의 은유가 될 텐데, 정확한 은유는 언제나 진리를 드러낸다. 먼저 그림을 보도록 하자.

다음 페이지에 나오는 작품은 고흐의 그림이 아니다. 마네가 그린 〈풀밭 위의 점심〉이다. 많은 미술 비평가들은 이 작품을 현대미술의 출발점으로 평가한다. 특히 미국의 추상표현주의의 옹호자들은 이 그림이 추상미술로 가는 흐름의 시작점이 되었다고 생각한다. 그러나 그것은 정확한 표현이 아니다. 이 그림은 추상화를 가능하게 했던 출발이 아니라, 그림이 단지 그림일 뿐이라는 사실을 알게 해준 출발점이다. 이것이 훨씬 더 중요하다. 마네의 이 그림은 이후 고흐의 회화가 사물성을 획득하는 데 결정적인 역할을 해주었기 때문이다. 이 과정은 마치 정신분석치료 과정에서 분석가가 환자의 말을 의미의 아우라 또는 의미의 사슬로부터 분리해내어 그것이 가진 기표의 물질성을 되찾아주려는 시도와 같다(우리의 사례에서는 '잡놈'이란 단어가 바로 그것이었다). 이야기를 좀 더 쉽게 풀어보자.

미셸 푸코가 이미 상세한 분석을 통해 설명해주었던 것처럼,[4] 마네의 이 그림은 일반적으로는 고전주의 회화가 하지 않는 많

4 "Peinture de Manet. Suivi de Michel Foulcault: un regard." ed. Traces écrites, 2004.

은 실수들을 범한다. 1860년대 프랑스 화단의 권위자들, 신고전
주의자들이었던 그들은 마네의 이러한 실수를 일종의 도발로
보았는데, 그들을 흥분케 했던 마네의 오류들을 정리하면 다음
과 같다.

○ 정면에서 쏟아져 들어오는 빛은 그림 속 인물들을 과도하게 평
면적으로 보이게 한다.
○ 그림 중앙에 그려진 하얀 옷의 여인의 크기가 강조되어 화면의
깊이를 납작하게 만들고 있다.
○ 물감 칠이 너무 간단히 처리되어 캔버스 천의 표면이 노출된다.
○ 그려진 나무들의 수직선이 캔버스의 옆 틀과 평행으로 그려져
사각 틀이 강조된다.

위의 오류 리스트들은 한결같이 하나의 회화 원칙을 집중적으
로 배반하는데, 그것은 그림이 현실의 사물로 보이지 않아야 한
다는 원칙이다. 그림은 자신의 물질성을 최소화시키는 기술을
통해서 환상적 관념의 세계로 나아가는 입구가 되어야만 한다.
그러나 마네의 그림들은 오히려 작품이 하나의 잘 칠해진 물감
덩어리 혹은 붓질의 흔적이며, 단지 그것일 뿐이라는 생각을 떨
치지 못하게 만들고 있다. 이러한 오류들은 르네상스의 마사치
오 이후 줄곧 견지되어오던, 공간 창조를 통한 환영 유지의 법칙
을 거스른다. 혹은, 르네상스 이전에도 예술작품에 종교적 또는
신화적 아우라를 부여함으로써 그것을 현실의 사물이 아닌 환

에두아르 마네, 〈풀밭 위의 점심Le déjeuner sur l'herbe〉(1863)

영적 세계의 재현으로서 존재하도록 만드는 그와 같은 법칙이 여지없이 파괴되고 있다. 마네의 이 같은 특징을 근거로 해서 이에 대립하는 미술사 전체의 일관된 노력을 표현한다면 결국 다음의 명제가 될 것이다.

어떤 일이 있어도, 그림이 단지 물감 덩어리에 불과하다는 사실을 은폐할 것.

이것은 선사시대의 동굴벽화에서 오늘날의 할리우드 영화에 이르기까지 동일하게 견지되는 재현의 원칙이다. 모든 이미지는 초월적 세계의 의미(작품의 주제)로 가닿는 통로가 되어주어야 한다. 모든 그림은 그것이 단지 그림일 뿐이라는 사실을 감춰야 하고, 모든 소설은 그것이 단지 단어의 나열일 뿐이라는 사실을, 영화라면 그것이 단지 배우들의 연기에 불과하다는 사실을 감춰야 한다. 이것이 전통적으로 예술이라고 부르는 모든 영역에서 지켜져야만 했던 제1원칙이다. 만일 이러한 원칙이 지켜지지 않는 예술이 출현한다면, 그것은 실수이며, 오류이며, 가치 없는 작품으로 간주된다. 당대의 모든 비평가들이 마네의 작품에 내린 평가가 바로 그것이었다. "서툰 그림!" 그런데 놀랍게도 서툰 그림의 역사는 멈추지 않고 이어졌다. 고흐의 그림들은 마네 이후의 서툰 그림의 역사를 완성하는 절정을 보여주기 때문이다. 그림을 보자. 어찌나 서툰지 그것이 도무지 실제의 해바라기라고는 상상할 수조차 없을 그러한 해바라기가 여기 있다.

빈센트 반 고흐, 〈해바라기Tournesols〉(1888)

해바라기들은 어색하게 일그러지고, 좌우대칭조차 맞지 않는 꽃병은 둥글지도 않다. 그저 납작하게 오려진 노란색 종잇조각처럼 보이는 꽃병은 실제 세상에 존재하는 모든 꽃병들에 대한 모독처럼 보인다. 이것은 꽃병이 아니다, 라고 말하는 이상한 그림. 후면의 벽과 해바라기와 꽃병 사이에는 어떠한 공간도 존재하지 않는다. 그리하여, 이것은 단지 칠해진 물감이며, 현실의 그 어떤 대상도 지시하지 않는 단순한 사물에 불과하다고 말하는 그림. 여전히 고전주의적 사고가 지배하던 당시의 감상자들은 고흐가 그리는 이 그림의 이상한 매혹이 무엇인지 전혀 눈치채지 못하고 있었다. 당연한 이야기지만, 살아생전 작품을 거의 팔아본 적이 없는 이 비운의 예술가로부터 우리가 이해할 수 있게 된 미술사의 진실은 너무도 거대하다. 그것은 의미를 재현하는 이미지로서의 미술의 종말이다. 그것은 환영의 매개체로서의 작품의 종말이다. 고흐가 그린 해바라기와 꽃병은 현실의 그 어떤 대상도 아닌 자기 자신, 즉 물감 덩어리로서의 자기 자신을 지시한다. 그림 속 화병의 왼쪽 표면에 쓰인 고흐의 사인에 주목해보라. 그것은 화병의 곡면을 따라서 '빈센트'라고 쓰이지 않았는가! 이제 회화의 화면은 더 이상 추상적 공간이 아니라, 사물 그 자체가 되어버렸다. 화가의 사인조차도, 그것이 물감인 이상 화면의 공간에 사물로서 포함되어야 한다. 바로 이것이 서구 미술사가 그토록 오래된 환영적 담화들 너머로 도달하여 만나게 된 충동의 영역이다. 물감 자체를, 색감 자체를, 형태 자체를 충동하는 것. 마치 어린아이가 물감을 짓이겨 칠하며 즐거워하듯, 고흐는 환영이 최소화된 충동의 영역에서 이미지를 하나의 사물처럼 생산해내고 있었던 것이다. 그리고 바로 이것이 이후의 관객들, 고전주의적 환영의 거부에 익숙해진 20세기의 감상자들을 끊임없이 만족시키는 고흐 작품의 비밀이다. 그의 작품의 서투른 효과들은 오히려 고전적 깊이와 의미들의 복잡한 환영들을 제거하는 기능을 하면서 감상자를 색과 형상에 대한 충동적 만족의 영역으로 끌어들이고 있지 않은가? 고흐는 그런 방식으로 이미지를 사로잡는 의미의 환영적 효과들을 걷어내고, 작품의 사물성이 줄 수 있는 충동적 만족의 효과를 창조했다. 마치 분석가가 환자의 담화가 종속된 의미의 일관된 질서를 뒤흔들어 말들의 사물성을 해방시키려고 의도하는 것처럼, 그리하여 환자의 말을 지배하는 타자의 권력을 약화시키려는 전략과도 같이, 고흐는 회화를 지배하는 미술사라고 하는 타자의 권력을 효과적으로 해체하는 데 성공한다.

그러나 그런 다음에는? 미술사는 어떤 운명을 겪게 되는가? 혹은, 그렇게 해체된 담화의 질서 아래에서 환자가 만나게 되는 것은 무엇이었는가? 그것은 충동의 지대와 인접한 공백이다. 그런 의미에서 고흐 이후 다다이즘이 출현한 것은 필연적이었다. 문명의 파괴를 외치며 어린아이의 유희와 같은 무의미의 게임을 추구했던 다다이즘의 출현은 공백에 다다른 문명이 보여줄 수 있는 가장 즉각적인 반응이다. 그것은 말장난이며, 언어를 지배하는 대타자에 대한 노골적인 조롱과 반항이다. 만일 이것이 끝이었다면, 문명은 정신병적 시대로 진입했을 것이다. 그러나 문명은 신경증적이다. 신경증은 의심하고 다시 시작한다. 신경증적 문명은 공백을 견디지 못하기 때문이기도 하지만, 또한 그것은 다른 방식으로 다시 시작할 수 있는 능력을 갖기 때문이기도 하다. 20세기의 일단의 예술들이 보여주었던 주체화의 작업들은 우리에게 신경증자가 자신의 환상을 횡단한 뒤에 어떻게 스스로가 원인으로 존재하게 되는지를 보여준다.

뒤샹의 레디메이드, 그리고 초현실주의자들의 자동기술법에 의한 작업들을 보라. 이들의 작업은 허무의 지점인 공백에 다다른 신경증 환자의 새로운 출발이 어떤 방식이어야 하는지를 증언한다. 레디메이드는 무심한 방식으로 이미 존재하는 사물을 선택하여 예술작품으로 간주하라고 하는 간단한 원칙을 따른다. 그런 의미에서 레디메이드는 작품 자체가 아니라 바로 그러한 원칙 자체만을 예술로 간주한다. 어떠한 예술적 생산물이라 해도 그것은 이미 작가라는 주체의 전유물일 수 없다. 작가라는 존재가 이미 타자의 산물이기 때문이다. 작가는 그의 부모와의 욕망의 관계의 산물이며, 시대의 지식의 산물이며, 그가 속한 미술사의 결과물이다. 바로 그런 의미에서 우리가 소변기를 작품으로 선택하는 노골적 과정에 속하지 않는다 해도 우리 모두는 이미 레디메이드의 행위를 반복하고 있다. 뒤샹과 고전주의자들의 차이는 오직 그것에 대해 인식하고 있음과 그렇지 않음의 차이뿐이다. 모든 것은 이미 만들어져 있다. 그리고 이러한 만듦의 주체는 우리가 아니라 타자이다. 바로 그런 의미에서 우리가 말하는 모든 담화는 타자의 담화이다. 고흐가 타자의 담화로서 간주했던 고전주의 미술의 환영을 횡단하는 방법은 이미지 자체의 물질성을 드러내는 것이었고, 뒤샹이 했던 방식은 그보다 더 극단적이었던 것이다. 사물 자체를 작품 안으로 가져오고, 그런 뒤에도 사물의 사물성이 유지될 수 있도록 할 것.

라깡의
유령

이제 우리는 정신분석치료에서 '환상의 횡단'이라고 부르는 것이 무엇을 의미하는지에 대한 미술사적 은유를 완성했다. 우선 그것은 타자에 의해 지배되는 환상을 거부하는 것이다. 이것은 이성적인 방식으로 추구될 수 있다. 환자의 담화를 지배하는 환상을 하나하나 횡단해나가면서 도달하게 되는 근본환상을 이해하는 것이 그것이다. 그때 우리는 "그렇군, 나의 행동과 세계관이란 이렇게 숨겨진 진실로부터 왜곡되어 파생된 결과물들이었군!"이라고 말할 수 있다. 그러나 이것이 전부는 아니다. 분석치료가 우리에게 알려주는 교훈은 보편적 지식의 형태로 우리를 지배하게 되며, 깨달음이라고 하는 투명한 사유의 공간 속에는 더욱 강력한 타자가, 절대적 지식의 담지자인 타자가 초자아와 함께 우리를 응시하고 있을 것이기 때문이다. 따라서 지식의 형태로는 결코 소외를 횡단할 수 없다. 아무리 투명한 지식이라해도, 그것의 보편적 가치가 우리의 삶을 의미의 형태로 짓누르는 것을 막을 수 없기 때문이다. 그렇다면 '환상의 횡단'이 진정으로 완결되는 지점은 어디인가? 그것은 충동의 지대에서 주체가 행동하기 시작하는 지점이다. 고흐가 만일 고전주의에 대한반항과 저항의 몸짓만으로 작품을 그려나갔다면, 그의 작품은고전주의에 대한 단순한 부정 그 이상을 넘어서지 못했을 것이다. 그것은 어떤 의미에서 고전주의적 환영에 종속되는 가장 은밀한 방식이다. 그러나 고흐는 과거-지식에 대한 단순한 거부가아니라, 자신의 충동을 자극하는 (이미지의) 사건들에 주목하고,그것으로부터, 색과 질감과 형태로부터 새로운 현실의 창조를위해 나아갔다. 바로 이것이 프로이트와 라깡이 말하는 "그것이있던 곳에 내가 있게 하라!(Wo Es war soll Ich werden!)"라고 하는정신분석 실천의 핵심 아닌가? 만일 지금 나의 세계를 타자(그것)가 창조해낸 것이라면, 그것의 자리에 주체를 세우고, 새로운세계의 창조에 참여하라는 것 아닌가? 오직 '창조'의 개념만이주체를 소외로부터 해방시킬 것이다. 따라서 거식증 여인에 대한 치료가 완료되는 순간이란, 그녀가 자신을 지배하는 근본환상의 충동 너머에 있는 충동, 우리의 사유가 작동하는 한 어디에나 편재해 있는 삶 또는 죽음 충동을 새로운 기표들과 연결시킬때이다. 예를 들면 그녀가 범죄 사건의 가해자나 또는 피해자들의 인권이라는 새로운 기표와 함께 자신의 욕망을 작동시키는 순간이다. 더 정확히 말해서, 여인의 치료는 죽음 충동이 그녀를 가두는 환영을 파괴하는 동시에 바로 그 동일한 충동이 그녀에게 다가올 새로운 현실의 기표들에 대해서는 창조의 힘으로 기능하는 순간이다. 그것은 기표에 대한 비움과 채움의 반복 과정에 다름 아니다. 그리고 이러한 과정은 사유가 아닌 행동 속에서만 실현된다. 그것은 이성이 아닌 신념 속에서만 동력을 갖는다. 정신분석치료가 요청하는 주체성은 바로 그렇게 자신의 미래를 사유하는 주체가 아니라 신뢰하는 주체이다. 만일 사유가, 주어진 타자적 틀 속에서의 정신 활동이라면, 신뢰는 자신에게 다가올 새로운 현실에 대한 욕망에 기반한다.

이제 우리는 거식증 여인 앞에서 그녀 스스로가 자신의 삶의 원인이 되기를 욕망했던 분석가의 욕망을 이해할 수 있게 되었다. 그것은 여인이 어떠한 타자에게도 의존하지 않는 삶을 살고, 심지어는 세상의 모든 지식이 타자의 것일 때에조차 그러한 지식을 넘어서기를 욕망하는 주체가 될 것에 대한 욕망이었다. 바로 이것을 위해서 분석가는 여인의 자신에 대한 신뢰를 지식에 기반하지 않은 것으로 유지하도록 노력했다. 분석가는 (진리를) 알고 있다고 가정된 그러한 주체가 아닌, 단지 존재를 욕망하는 주체로만 자신을 드러내고 있었다. 분석가는 만일 여인이 전이 속에서 어쩔 수 없이 자신을 모방하려 한다면, 오직 그것만을, 공백에 대한 욕망만을 모방하도록 전력을 기울여 자신의 자아를 소멸시키고 있었다. 그리하여 분석의 끝에서 분석가는 더 이상 자신에게 질문하는 것이 무의미하다는 사실을 여인이 알도록 한다. 분석의 끝에서 여인은 게임의 주도권이 자신에게로 넘어 왔다는 사실을 인식하게 되었고, 앞으로 일어날 자신의 삶의 다양한 사건들과 관련된 투쟁이, 진짜 인생이 시작되리라는 사실을 알게 된다. 어느 누구도 그녀의 삶의 진리를 알려주지 않을 것이며, 주체라는 단어는 그런 식으로 쾌락이 아닌 불안한 매혹과 관련될 것이라는 사실을 그녀는 앎이 아닌 확신의 형태로 소유하게 될 것이었다. 정신분석은 바로 이러한 확신을 선물하는 과정이다. 그것은 존재하는 모든 것의 질서를, 억압에 근거해서 정립된 환영의 질서인 그것을 타자를 중심으로 하지 않고 주체를 중심으로 다시 구성할 수 있도록 하는 선물이다. 그리하여 주체는 지식과 고정관념의 틀로부터 매번 아슬아슬하게 빠져나가는 유령 같은 존재 혹은 비존재가 된다. 정신분석의 실천이 추구하는 인간상이란 바로 이것이다. 유령-되기의 실천, 혹은 매순간 공백을 중심으로 다시 창조되는 주체-되기의 과정. 이것이 '신경증 너머'라고 하는 단계의 적절한 묘사이다. 신경증 너머의, 유령의 유령.

2장

고독의 절차

세계는 완고하며
사건에 저항한다

폴 오스터의 첫 소설집 『뉴욕 3부작』 중 「유리의 도시」의 첫 페이지는 다음과 같은 문장으로 시작된다.

> 모든 것은 잘못된 번호로 걸려온 전화로부터 시작되었다. 한밤중 전화벨이 세 번 울렸고, 수화기 저편의 목소리가 그가 아닌 누군가를 찾았다. 시간이 흐른 뒤, 자신에게 일어난 이 모든 일들을 생각해볼 수 있게 되었을 때, 그는 우연만이 현실적이라고 결론 내리게 될 것이다. 그러나 그건 아주 오랜 시간이 지난 후의 일이다. 처음에는 사건이 일어났을 뿐이고, 연속된 결과들만이 있었다.

변화에 대한 우리의 욕망은 모순적이다. 우리는 변화를 원치 않는 방식으로 변화하기를 욕망하지 않는가? 우리는 삶의 변화가 우리가 알고 있는 방식으로, 우리가 원하는 방식으로만 일어나기를 욕망한다. 라깡이 쾌락원칙이라 부르는 것, 거식증 여인이 환상 속에서 추구했던 것이 바로 그러한 욕망이다. 그곳에서 변화를 약속했던 가정된 사건은 우리를 어디로도 데려갈 수 없으며, 언제나 같은 장소로 되돌아오는 무한회귀를 반복한다. 같은 테마를 위해 무한히 변주되는 삶의 음악은 사건이 아닌 추억들을 연주한다. 그러나 진정한 사건은 달라야 한다. 바디우의 인문학이 세공해낸 사건의 개념은 위에서 인용된 소설의 시작처럼 갑작스레, 우리의 의식의 통제를 벗어나는 방식으로 일어나며, 그래서 그것은 사건처럼 보이지도 않는다. 그것은 우연이며, 잘못 걸려온 전화이며, 지금 여기 있는 나를 위한 것이 아니다. 그것은 지금 여기에 없는 나, 미래의 나, 그래서 더 이상 내가 아닐 그 또는 그녀를 위한 한 통의 전화이다. 거식증이라는 증상이 여인을 찾아왔던 방식이 그랬던 것처럼, 사건은 느닷없이 삶을 엄습하고 이제까지의 세계를 지탱해주던 환상을 뒤흔든다.

그러나 세계는 완고하며, 사건에 저항한다. 그것은 사건을 금지한다. 존재는 존속을 목적으로 할 뿐 변화를, 스스로의 소멸을 목적으로 하지 않기 때문이다. 바디우는 이것을 "존재는 사건을 금지한다(L'être interdit l'événement)"라고 표현한다. 이를 통해서 바디우는 자신과 하이데거 사이의 차이를 명백히 한다. 존재의 질서는 쾌락-현실원칙의 질서이며, 우리 인간의 사유의 일반적인 경향은 이러한 존재 질서를 유지하도록 하는 '구성주의적 사유pensée constructiviste'에 길들여져 있다. 바디우의 이러한 생각은 전

문적인 용어 없이도 얼마든지 접근 가능한데, 그것이 말하는 바는 결국 인간 존재의 소외를 의미하기 때문이다. 자신의 삶에서 주인이 되고자 하는 인간의 욕망에도 불구하고 우리는 언제나 이미 존재하는 지식과 고정관념의 틀에 의존하는 경향을 따르고, 결국 타자의 욕망을 욕망하는 한계에 갇힌다. 필자가 고정관념이라고 표현했던 것은 세계를 지배하는 지식의 체계이며 바디우가 백과전서적^{encylopédique} 지식의 시스템이라고 부르는 것이다. 우리의 책에서는 고정관념이라는 단어를 더욱 선호할 텐데, 왜냐하면 일상 속에서 벌어지는 다양한 존재의 초과들을 길들이는 고정관념이라는 표현은 현실 공간에서의 소외를 더 잘 드러내주기 때문이다. 그것은 말 그대로 삶을 고정시키는 개념과 가치들의 체계이며, 그곳에서 사건은 불가능하다.

한편, 삶의 진정한 변화의 가능성을 가로막는 고정관념은 우리의 존재가 다양성의 파도 속으로 떠내려가지 않도록 지켜주는 것이기도 하다. 우리가 자신을 '나'라고 부를 수 있는 것은 주입된 고정관념 덕분이다. 역설적이게도 우리의 존재는 우리 자신에 대한 이러한 편견으로 보호받는다. 편견, 미리 판단된 '나'에 대한 지식은 나의 자아가 개방되어 흩어지는 위험으로부터 나를 방어하고, 한계 짓는다. 고정관념과 편견은 이렇게 말한다. "자! 여기까지가 너다. 여기까지의 한계 안에서 살도록 해라."

바디우의 사건의 철학은 이렇게 타자로부터 주어진 한계 저편,

라깡이라면 '쾌락원칙 너머' 또는 '신경증 너머'라고 불렀을 그
곳, 세계의 자아 너머의, 유한성 너머의 또 다른 세계가 어떻게
가능한지를 탐사하는 무한성의 철학이다. 그러나 사건만으로는
안 된다. 유한한 삶을 무한성으로 개방하는 과정에는 사건 말고
다른 것이 필요하다. 다시 폴 오스터의 「유리의 도시」로 돌아가
보자. 소설의 주인공 퀸은 한때 문학적인 글을 썼지만 이제는 통
속 탐정소설만 쓴다. 아내와 아이를 사고로 잃고 난 뒤의 인생은
일종의 정신적 자살 상태, 관성에 의해 지속되는 상태와 같다.
바로 그때, 낯선 자로부터 걸려온 첫 번째 전화는 퀸의 삶을 뒤
흔드는 작지만 결정적인 흔들림이다.

"여보세요."
"폴 오스터 씨인가요?" 목소리가 묻는다. "폴 오스터 선생과
이야기하고 싶습니다."
"여기 그런 이름의 사람은 없습니다."
"폴 오스터, 오스터 탐정 사무실의 폴 오스터 말입니다."
"미안합니다." 퀸이 말했다. "전화번호를 잘못 누르신 것 같네요."

전화를 끊고, 퀸은 전화의 내용이 흥미로울 수도 있지 않을까 잠
시 생각했다. 그러면서 중얼거렸다. "좀 더 빨리 생각하는 법을
배워야겠군." 그것은 사건조차 아닌 무의미한 해프닝에 불과했
다. 퀸이 그것에 이름을 부여하기 전까지, 그것에 의미를 부여하
기 전까지는, 그것은 실수이며, 실착이며, 곧 지워질 일상의 얼

룩이다. 다시 전화가 걸려왔을 때의 퀸의 달라진 태도, 알지도 못하는 오스터 탐정 노릇을 하려고 결정했던 그의 마음을 독자는 이해할 수 없다. 그는 지루했던 것일까? 누군가를 골려주려는 심술이 동했던 것일까? 그렇게라도 하지 않았다면 이 서툴고 기이한 소설의 이야기를 시작할 수 없었기 때문일까? 우리는 퀸이 무엇 때문에 전화가 다시 걸려오기를 기다렸는지, 그리하여 전화의 낯선 목소리가 찾는 사람의 역할을 떠맡으려 했는지 결코 알 수 없다. 소설의 끝에서도 사정은 나아지지 않을 것이다. 마치 예수를 따라 나섰던 열두 명의 사도들이 어째서 그와 같은 무모함에 자신들의 삶을 내던졌는지 알 수 없는 것과 동일한 방식으로, 우리는 이해의 범주로부터 빠져나가는 퀸의 행동을 식별해낼 수 없다.

바디우는 파스칼과 기독교를 다루는 장에서 파스칼의 니힐리즘적 무신론자들에 대한 호의를 강조한다(『존재와 사건』, 성찰 21). 그에 따르면, 파스칼은 『팡세』에서 어중이떠중이 "제수이트, 믿음이 약한 사람" 혹은 "단정한 그리스도교인들"보다는 단호한 무신론자들의 허무주의가 더 진실하다고 평가하는데, 이것은 진리가 정립되기 위해서는 미신과 우상들의 파괴, 즉 고정관념의 소멸이 전제되어야 하기 때문이다. 이를 위해서 파스칼이 기독교적 진리의 출현 조건으로 내세우는 것은 "절망한 자들의 세계관"이다. "일상의 상상 세계에서 빚어지는 변변찮은 성과들에 대한 그들의 조롱"은 진리에 접근하기 위한 일종의 비워냄이다.

"사도들이 법칙에 맞서 했던 것을 니힐리즘적 무신론자(세계와 어떤 보존 협약도 맺지 않은 장점을 가진 그들)는 다시 할 수 있다." (Ibid.)

파스칼의 인용을 통해서 바디우가 말하고자 하는 것은, 오직 허무주의자만이 사건에 접근할 특권을 갖는다는 사실이다. 아무것도 믿지 않는 자, 고정관념을 조롱하는 자들은 세계-질서의 견고한 표면으로부터 일시적으로만 출현하는 균열들에 유달리 민감하다. 마치, 환자의 말의 논리를 믿지 않았던 분석가, 의미의 회의주의자로서의 분석가가 그랬던 것처럼 허무주의는 균열로서의 진리에 접근하는 가장 빠른 통로이다. 혹은, 사건의 역능은 우리를 사건의 이름 이외의 그 어떤 지식에 대해서도 허무주의자로 만드는 것에 있다.

퀸은 전자의 경우였다. 그는 이미 아무것도 믿지 않는 자였으며, 심지어는 자신의 존재가 자아의 이미지로부터 보호받는다는 사실조차 받아들이려 하지 않는다. 소설가로서의 퀸과, 그가 사용하는 필명으로서의 윌리엄 윌슨, 그리고 자신이 쓴 탐정소설의 주인공 막스 워크라는 세 개로 분열된 자아는 퀸이 자신에 대해서 더 이상 생각하지 않아도 되는 분열된 삶을 가능하게 해주고 있었다. 이런 상태라면, 아무것도 믿을 수 없는 것과 정확히 동일한 근거로 인해서 모든 것을 믿지 않을 이유도 없게 된다. 사실상 이것은 믿음조차 아니다. 환상을 걷어낸 삶의 밑바닥을 흐르는 충동의 발자국들은 행선지가 없다. 단지 그것이 구두 소리를 내기 때문에 즐거울 뿐이다.

어떤 사람들은 춤의 몸짓이 만들어내는 이미지의 총체가 아름답기 때문에 춤을 추지만, 그러나 다른 어떤 사람들은 단지 그것이 신체의 충동적 몸짓을 만족시켜주기 때문에 춤춘다. 허무주의자의 삶이 다시 시작될 수 있다면, 혹은 병리적 의미에서의 우울증자의 욕망이 다시 시작될 수 있다면, 그것은 의미가 아니라 충동에 사로잡히기 때문이다. 스텝을 밟는 것, 오직 그것에만 집중하는 것. 퀸이 다시 걸려온 전화에 응답하고, 오스터 탐정의 역할을 떠맡기 위해 의뢰자를 만나러 아파트를 나서는 발걸음이 바로 그것이다. 그는 사건을 사건으로 부르기로 결정했고, 이것이 바로 바디우가 말하는 '주체성'의 개념이다. '해프닝'을 '사건-이벤트'로 명명하는 개입. 혹은, 단지 타락, 불법적인 것에 매혹당하는 것과 이후의 행보. 이것이 바로 바디우가 주체라고 부르는 일련의 과정들이다. 그러나 아직도, 이것이 전부는 아니다. 소설의 주인공 퀸이 사건의 의뢰자를 만나고 이 모든 비현실적인 비밀과 음모의 사건 속으로 뛰어들기 위해서는 환상이 필요하다. 흔히 매혹이라고 말해지는 어떤 것이 주체를 사로잡기 전까지, 주체는 자신의 세계를, 그것이 아무리 하잘것없는 한 줌의 쾌락에 불과한 것이라 해도, 포기하지 않기 때문이다. 사건은 매혹을 통해서 주체를 사로잡아야 하고, 그러한 매혹은 모든 것을 바꾼다. 그것은 '사건의 이름을 둘러싼 아우라'를 구성하며, 진리의 사건에 대한 충실성을 지탱하는 고유한 정념이 된다. 단순히 욕망이라고 불러도 좋을 이것은 아름다움과 관계되는 것이며, 진리가 지속될 수 있도록 지탱한다. 그것은 혁명의 숭고함이나 사랑의 광기여도 좋다. 심지어는 타락한 욕망의 매혹이어도 좋다. 매혹은, 결코 볼 수 없었던 태양 빛의 투명함을 출현시키는 담배연기처럼, 혹은 먼지처럼, 자신의 불투명성을 통해서 진리의 투명성을 볼 수 있는 어떤 것으로, 비록 오인의 형식일지라도, 진리를 전달 가능한 어떤 것으로 만든다. 바로 그런 의미에서, 퀸이 의뢰인을 만나기 직전에 베르메르의 그림을 떠올린 것은 결코 우연이 아니다.

매혹에 관한
지식

망설임 속에서 의뢰인의 집으로 향하던 퀸의 머릿속에 불현듯 떠오른 것은 17세기 네덜란드의 화가 베르메르의 그림 〈병사와 미소 짓는 소녀〉이다.

그림 속에서 감상자의 시선을 가장 먼저 사로잡는 것은 여인의 미소의 매혹이다. 바로 이 미소가 혹은 여인의 욕망이 그림 속

요하네스 베르메르, 〈병사와 미소 짓는 소녀De Soldaat en het Lachende〉(1657)

의 모든 것을 지탱한다. 창문을 통해 비쳐 들어오는 햇살의 투명함은 여인의 미소가 없었다면 생기를 갖지 못했을 것이다. 등을 보이며 앉아 있는 얼굴 없는 남자 역시 오직 여인의 미소에 대한 수신자로서만 자신의 강렬한 존재감을 보장받는다. 익명성의 그 존재는 여인의 미소에 대한 화답의 방식에 따라서 구체적인 형체를 가질 수 있기 때문이다. 만일 그가 여인의 욕망에 매혹당한다면, 비로소 사건은 시작될 수 있다. 퀸이 여인에게 그랬던 것처럼 말이다.

아파트의 문을 열고 퀸을 맞이한 사람은 전화를 걸었던 남자의 부인이다. 서른에서 서른다섯 살 사이로 보이는 여인은 갈색 머리와 밤색 눈동자, "보는 관점에 따라서 넓어 보이는 골반"과 매혹적인 미소를 가진 여자다. 퀸은 여인의 안내로 거실에 들어선 뒤에 여인이 옷을 벗으면 어떤 모습일지를 상상했다. 이어서 여인의 남편 피터 스틸맨이 등장하고, 기이한 가정사와 살해 위협에 대한 장황한 이야기를 더듬거리며 늘어놓는 동안에도 사실상 퀸의 머릿속을 사로잡은 것은 여인의 매혹이었다. 그녀의 이름은 버지니아 스틸맨이었고, 아파트를 나가려는 퀸에게 깊게 입맞춤함으로써 그녀 자신의 역할을 완수한다. 주체를 매혹하는 것, 그리하여 사건을 욕망하도록 만드는 것.

바디우가 사건과 주체의 관계를 설정함에 있어서 언급하지 않은 것이 바로 이 매혹에 관한 지식이다. 바디우는 사건의 존재,

주체의 존재, 지식의 존재, 충실성의 절차의 존재[5] 등등을 논증하면서도 욕망의 존재에 관해서는 말하지 않았다. 그럼에도 진리의 사건에 관련된 모든 절차를 지탱하는 것은 욕망이며, 진리에의 매혹이다. 논증해보자.

진리의 사건이 일어났다고 가정하자. 바디우에게 진리는 혁명적 정치, 예술의 창조, 사랑, 과학이라는 네 개의 필드에서 생산되는 사건과 주체성의 조합물이다. 그러나 우리는 1장에서부터의 전례를 따라서 탐정소설과 정체성의 탐사를 진리 과정으로 설정할 것이다. 이것은 메타적인 관점일 뿐만 아니라, 바디우의 네 개 필드를 횡단할 수 있는 추상적이면서도 구체적인 구도를 제시해준다.

바디우에 따를 때, '사건의 자리site-événementiel'가 발생하는 것은, 세계의 안정된 질서-구조가 비틀리는 순간이다. 이때 현존 지식은 더 이상 삶의 변화들을 설명하여 상징화시킬 수 없다. 그런 의미에서 사건의 자리는 균열 그 자체라고 할 수 있다. 이제껏 선명하게만 보였던 삶의 질서가 하나의 미스터리처럼 불투명해지는 순간, 우리는 사건의 자리가 형성되고 있음을 알게 된다. 그러나 이러한 균열의 벌어짐은 언제나 다시 봉합될 운명을 가진다. 사유의 이 같은 방어적 경향에 의해서 다시 폐쇄되는 사건을 구해내는 것이 주체성이다. 누군가 사건의 자리에 개입하고 사건을 명명하면, 이제 사건은 하나의 이름으로, 그러나 아직

5 바디우는 『존재와 사건』에서 하나의 사건이 진리의 이름으로 명명된 이후 그것이 새로운 세계를 창출하도록 투쟁하는 과정을 사건-이름에 대한 충실성의 주체적 절차라고 부르는데, 이러한 주체적 과정은 새롭게 출현한 진리의 명제와 연결될 수 있는 현재 상황의 요소들을 구분하는 작업에서 시작한다. 충실성의 절차는 바로 이 작업을 의미한다.

은 받아들여질 수 없는 유령의 이름으로 상황 내의 요소들 사이를 떠돌기 시작한다. 퀸의 사례가 그 전형이다.

그는 자신에게 찾아온 하나의 해프닝에 이름을 부여하기로 결정했다. 물론 그러지 않고 다시 일상으로 돌아가는 것 또한 가능했다. 한밤중에 걸려온 전화를 다시 끊어버리는 것으로 사건은 종결될 수도 있었다. 만일 일상의 지루함 때문에 수화기를 들었고, 이어지는 의뢰인 아파트의 방문 역시 무의미한 장난의 일종이었다면, 퀸은 거기서 멈출 수 있었다. 자신의 자아를 소멸시켜버릴 이야기의 흐름 속에 몸을 던질 아무런 이유도 없었다. 그럼에도 불구하고, 퀸은 오스터 탐정이 되기로 결정했고, 세계-균열의 틈새 속으로 무모한 도약을 감행한다. 그러나 무엇 때문에? 여인의 미소 때문에? 그녀의 키스 때문에? 아마도 그럴 것이다. 이것은 진리가 우리를 찾아오는 아주 이상한 측면에 다름 아니다. 우리는 진리가 정확히 무엇인지 모르면서 그것에 매혹당하고, 그것에 잘못된 이름을 부여하고, 바로 그 이름이 현존하는 지식에 의해 오염되는 것에 저항하기 위해 목숨까지 바친다.

예수의 열두 사도들은 예수의 언어를 단 한마디도 이해하지 못했다. 프랑스 대혁명을 이끌었던 급진 좌파들은 혁명의 의미를 파악조차 하지 못했다. 사랑에 목숨을 걸었던 수많은 로미오와 트리스탄들은 사랑의 대상에 대한 철저한 오인 속에서도 모든 위험을 감수한다. 광주항쟁에서 목숨을 걸고 마지막까지 도청을 사수했던 한 줌의 시민군들은 민주주의가 무엇인지 이해하지 못했다. 왜냐하면, 그들에게 강제된 현실의 언어는 도래하는 시간성의 진리-사건을 해독할 능력이 없기 때문이다. 그들은 진리에 대해 무능력할 뿐인 현실 언어의 폭력에 대항하여 무지로, 행동으로, 오직 확신으로 투쟁한다. 그리하여 신약의 시대가 열리고, 혁명은 역사를 생산하고, 광주는 아시아 민주주의의 상징이 된다. 연인들의 개인사 속에서 사랑의 진리는 강력한 주인기표로 자리 잡는다. 이 모든 비이성, 진리에 대한 광기라고 불러도 좋을 그것의 중심에 욕망이 있다. 그것은 진리에 매혹당한 주체의 욕망이다. 이것이 없다면, 주체도 없다. 혹은 진리에 대한 욕망이 곧 주체이다. 바디우가 주체를 일련의 절차에 한정하려는 것은 이 때문이다. 주체는 의식이나 지식 또는 통제나 조절이 아니다. 주체는 진리-사건에 매혹당한 개인 혹은 집단이 이어나가는 욕망의 절차이다. 진리는 욕망이라는 정념의 연기 속에서만 비로소 포착되는 햇살의 빛나는 투명함과 같다.

아마도 진리의 매혹에 관하여 말할 수 있는 것은 이것이 전부일 것이다. 그것은 질서에 대한 우리의 원한을 만족시켜주는 악마적 매혹의 속성을 갖는다고 말이다. 우리 스스로가 한 번도 동의한 일이 없는 모든 금지의 한계를 넘어서려는 존재의 분개가 타락에 대한 매혹을 증폭시키고 있다고 말이다.

신의 언어
언어의 음모

퀸이 의뢰인의 아파트에서 듣게 된 것은 언어의 권력과 존재의 투쟁에 관한 무시무시한 이야기였다. 퀸은 그것이 의뢰인 피터 스틸맨의 이야기인 동시에 자신의 이야기이며 같은 방식으로 그 누구의 이야기도 될 수 있다는 사실을 직감한다. 그것은 퀸을 포함한 모든 말하는 존재, 라깡이 '말-존재parlêtre'라고 불렀던 우리의 숙명에 관련된 음모였다.

피터 스틸맨과 같은 이름을 가졌던 그의 아버지는 한때 콜럼비아 대학 종교학과의 젊고 전도유망한 교수였다. 그는 인간의 언어와 신의 언어를 연구했는데, 그중에서도 신의 언어, 순수하고 완전한 언어의 존재에 대해 확신을 가지고 있었던 것 같다. 피터와 버지니아 스틸맨의 증언을 근거로 한다면, 그가 신의 언어를 연구하기 위해서 내세운 가설은 다음과 같다. '태어나면서부터 인간의 말을 전혀 배우지 않은 꼬마 인간은 신에게 부여받은 고유한 능력을 인간의 언어로 오염시키지 않을 것이며, 그리하여 신의 언어를 말하게 될 것이다.' 이것은 인간의 세속적 언어의 권력의 지배로부터 자유로운 정신이 말하게 될 신의 언어에 대한 가정이다.

우리는 아르헨티나의 위대한 소설가 보르헤스가 이미 동일한 주제를 다루었다는 사실을 알고 있다. 그가 1941년에 발표한 소설집 『픽션들』에 수록된 단편 「기억의 천재 푸네스」는 낙마 사고 이후로 갑자기 무제한적인 기억의 능력을 소유하게 된 소년 푸네스에 관한 이야기다. 푸네스는 모든 것을 기억할 수 있었는데, 예를 들어 아침 햇살을 받은 장미와 땅거미 질 무렵의 장미가 동일한 존재일 수 없다는 것을 기억했고, 빛깔의 세밀한 변화와 향기가 퇴색하는 단계들까지도 잊지 않았다. 푸네스에게는 흐르는 시간 속에서 매 순간 변화하는 사물들의 모든 차이들, 단계들, 고유성들이 동일자의 개념적 폭력 속에서 억압받지 않아도 좋았다. 푸네스에게는 '인간'이라는 단어조차 필요치 않았는데, 그는 모든 사람들이 가진 특별함을 기억하고 그들 각각의 이름 아래 그러한 특별함을 명명함으로써 개인의 개성을 보편화하는 무례함을 범하지 않을 수 있었다. 아마도 신의 언어를 말한다는 것은 이러한 의미일 수 있겠다. 모든 차이들을 정확히 지시할 수 있게 되는, 각각의 무제한의 단어를 소유하는 것. 그리하여 어떤 사물도, 순간도, 존재도 소외되지 않을 수 있도록 하는 무제한의 백과사전을 소유하게 되는 것. 신의 언어를 말하는 존재는 매번 진리를 말하고, 사물이 속한 각각의 시간과 각각의 공간 속에서의 고유한 본질을 발음하게 될 것이었다.

바로 이 언어의 출현을 유도하기 위해 피터의 아버지가 당시 두 살이었던 피터에게 했던 실험은 잔혹했다. 아버지는 피터를 창이 없는 골방에 가두고 무려 12년 동안 외부와 차단된 삶을 살도록 강제했던 것이다. 피터는 어둠 속에서 말을 배울 수도 없었고, 외부와의 ㄱ 어떤 ㅗ통도 불가능한 삶을 살았다. 인간의 말을 배우지 않는다면 신의 말을 하게 될 것이라는 아버지의 미친 신념은 아이를 인간 정신의 깊은 심연 속에 던져 넣었다. 그는 과연 기억의 천재 푸네스가 했던 신의 언어를 말하게 되었을까?

12년 뒤 피터가 구사일생으로 어둠 속에서 구제된 것은 화재 때문이었다. 아파트 화재로 인해 소방관들이 피터를 발견하게 되었는데, 아버지는 즉각 아동학대 혐의로 기소되었다. 이후 피터 스틸맨은 병원에서 지내게 되었고, 천천히 인간의 말을 배우기 시작한다. 그가 아내 버지니아를 만난 것 역시 병원에서였다. 그녀는 병원에서 피터의 치료를 담당했던 언어 치료사였는데, 피터를 남편으로 생각하기보다는 돌봐주어야 하는 아들처럼 대했다. 이것이 둘의 관계를 미심쩍은 것으로 만들고 있었지만, 퀸은 의문을 제기하지 않기로 한다. 한편 버지니아와 함께 병원에서 나오게 된 피터는 자신에게 진작에 상속된 스틸맨 가문의 어마어마한 유산 덕택에 부유한 아파트에서 아내와 함께하는 안락한 삶을 시작할 수 있었다. 여전히 인간의 말에 서투른 피터는 어린아이와 같은 지능을 가지고 있었고, 아내가 없다면 이 모든 제대로 된 삶을 상상하기 어려웠다. 피터의 아버지가 만기 출소 했으며, 그가 피터를 죽여야 한다는 편지를 당국에 보낸 일이 있었다는 사실을 알게 된 것은 그즈음 어느 날이다. 편지에서 피터의 아버지는 피터가 악마이며 심판을 받아야 한다고 주장했다. 버지니아는 지인에게 폴 오스터가 "그 분야에서는 가장 뛰어난 탐정"이라는 소문을 들었고, 그렇게 해서 잘못 걸린 전화는 퀸을 소환하기에 이른다. 그들의 요구는 간단했다. 출소한 아버지가 곧 뉴욕에 나타날 것이므로 그를 감시하면서 자신들을 보호해줄 것.

이 모든 있을 법하지 않은 엉터리 사건들의 이면에 숨겨진 진실은 무엇인가? 퀸을 소환했던 것처럼 우리를, 혹은 바디우의 철학으로부터 출발하여 삶의 미스터리를 탐사하고자 하는 독자들을 소환하는 진실은 무엇인가? 그것은 언어의 권력과 진리의 관계 아닌가? 진리가 그토록 매혹적인 것이라면 어째서 우리는 그것에 쉽사리 몸을 던지지 못하는가? 우리를 둘러싼 언어의 거대한 만리장성은 진리로부터, 새로운 창조의 가능성으로부터 우리의 정신을 차단하는 억압의 기능을 하기 때문 아닌가?

언어의 권력과 미신에 대한 테마는 보르헤스의 영원한 관심사였다. 그의 소설 「바벨의 도서관」은 동일한 주제를 다루었던 가장 통찰력 있는 작품 중의 하나이다. 그러나 언어의 지배에 대해서, 그것의 유한성과 가짜 무한에로의 약속을 이해하기 위해서라면 『뉴욕 3부작』으로 충분하다. 퀸이 자진해서 뛰어들었던 뉴욕이라는 도시의 미로는 그 자체로 바벨의 도서관을 상징하며, 길을 잃을 수밖에 없는 주체의 숙명을 증언하며, 어디로 빠져나간들 동일한 장소로 돌아오게 만드는 미로의 완고함을 보여주기 때문이다. 미지를 탐사하거나, 또 다른 세상을 창조해내려는 인간의 모든 노력은 이러한 미로의 한계로부터 탈출하기 위한 절망적인 시도로 보인다.

아버지 스틸맨 역시 같은 미로에 빠져들었음이 틀림없다. 그는 현실의 세계를 지배하는 언어의 질서를 넘어서는 다른 세계가 존재하며 그러한 세계로 우리를 데려가줄 새로운 언어가 존재할 것이라고 생각했음이 틀림없다. 마치 코난 도일에게 심령과학의 언어가 근대 이성의 세계를 넘어서게 해줄 새로운 매혹의 언어로 보였던 것처럼 말이다. 그러나 이것은 가짜 매혹이다. 이것은 낭만주의적 사유가 우리를 기만했던 것과 동일한 방식으로 미끼를 던지는 매혹이었다. 그것은 내부의 언어로 외부를 상상하게 만드는, 그리하여 세계를 개방하기보다는 차단하는, 유한성의 함정이다. 왜 그런가?

아버지 스틸맨은 인간의 언어 이전의 언어를 가정했다. 흔히 고전 철학에서 자연어라고 부르는 것, 신이 자연에 부여한 초월적인 질서를 의미하는 그것을 가정했다. 만일 현실적 세계를 지배하는 지식을 대타자의 언어라고 말할 수 있다면, 자연어는 대타자를 보장해주는 더 높은 단계, 즉 대타자의 대타자이다. 현실세계의 언어는 우리의 일상을 지배하고, 초월적인 언어는 이러한 현실 언어의 틀을 보증해준다. 이 둘 사이의 친밀성, 일관성을 신뢰하는 것이 고전주의라면, 낭만주의는 둘 사이의 균열을 주장한다. 낭만주의가 계몽주의와 고전주의의 산물인 프랑스혁명의 현실적 실패 이후에 반동적 사유가 팽배한 유럽에서 출현했던 것은 우연이 아니었다. 낭만주의자들은 이성의 합리적 질서가 실패할 운명이며, 그 너머를 추구하기 위해서는 이국적인 것, 신기하고 기이한 것, 상식을 벗어나는 것을 찾아야 한다고 생각했다. 그렇게 해서 그려진 그림들은 오히려 낭만주의의 한계가 무엇인지 폭로하고 있다. 그것은 유럽인의 시각에서 그려진 동방이며, 남성의 시각에서 상상된 여성성이며, 이성의 관점에서 파악된 광기이다. 그것은 결국 상식적인 틀 내에서 상상된 비상식이며, 국경 너머에 대한 클리셰로 채워진 싸구려 여행잡지에 불과하다. 이것이 바로 스틸맨과 낭만주의 또는 인간 사유 일반이 갇힌 미로의 진실이다. 그들은 모두 새로움을 스스로 창안해내는 대신 현실을 지배하는 대타자, 아버지 스틸맨에게는 신이었으며 낭만주의에게는 유럽의 고정관념이었던 그것에 의존하는 방식으로만 외부를 상상했다.

사정은 우리에게도 마찬가지다. 언제나 주어진 세계의 변화를 욕망하는 듯 보이는 우리는 그럼에도 이미 존재하는 지식에 의존하는 경향을 보이며, 따라서 창조에 대한 열망, 다른 것에 대한 욕망은 필연적으로 실패할 운명이다. 주어진 언어의 제국은 외부에 대한 상상을 금지하는 것이 아니라 오히려 장려하는 방식으로 자신의 유한성을 강화한다. 우리의 상상이 고정관념에 지배되어야 한다는 조건만이 유일한 법칙이며, 나머지는 자유롭다. 이러한 자유는 결국 존재를 구속하는 자유이며, 자유를 폐지하는 자유이다. 간단히 밀해서, 자유라는 단어에 관하여 우리가 알고 있는 현행 지식과 현행법과 상식에 의존하는 한 우리는 진정한 자유를 결코 실현시킬 수 없다. 진정한 자유는 우리의 상식의 관점에서 관찰한다면 결코 자유로워 보이지 않을 테니 말이다. 마치 진정한 쾌락으로서의 주이상스가 쾌락의 상식적 관점에서 관찰되었을 때 오직 고통만을 드러내는 것과 마찬가지로. 바디우는 언어의 지배가 이처럼 비일관적 공백의 유령이 출현하는 것을 통제하는 현상을 '구성주의적 사유의 정향l'orientation de la pensée constructiviste'이라고 부른다. 사유의 바로 이러한 경향이 아버지 스틸맨에게 허구적 돌파구를 상상하게 만들고, 코난 도일의 심령술 취미를 부채질했다. 낭만주의의 이면을 흐르는 이데올로기 역시 이에 근거한다.

미로의 기만

퀸에게 "뉴욕은 무한정한 도시, 끝나지 않는 미로였다. 아무리 걸어도, 아무리 주변과 거리를 잘 알게 되더라도 뉴욕은 그에게 언제나 길을 잃은 듯한 느낌을 남겨주곤 했다. 길 위에서 길

외젠 들라크루아, 〈사르다나팔 왕의 죽음La Mort de Sardanapale〉(1827)
외젠 들라크루아, 〈오달리스크Odalisque〉(1857)

을 잃을 뿐만 아니라 마음속에서도 길을 잃고 마는 도시였다."
(『유리의 도시』) 미로의 존재 목적이란 그것의 외관과는 전혀 다르게, 감금이다. 최상의 미로는 그곳이 출구 없는 함정이라는 생각을 더 이상 하지 못하도록 환영을 만들어낸다. 미로와 감옥의 다른 점이 그것이다. 미로는 더욱 교활한 방식으로, 그곳의 수인들이 계속해서 출구를 욕망하도록 만들면서 은밀한 감금을 실행한다. 퀸이 사건 속에서 빠져들게 되었던 미로 역시 같은 효과를 발휘하고 있었다. 그는 아버지 스틸맨을 찾아내고 그를 미행하는 데 모든 노력을 기울였고, 그렇게 사건의 해결 쪽으로 접근해 들어가고 있다고 믿었지만, 그러나 그가 도달했다고 생각했던 장소는 언제나 어제의 출발지였다. 그는 이것을 아주 오랜 시행착오 끝에 깨닫게 될 것이었지만, 그러나 아직은 미혹 속에 머문다. 사건의 해결의 성패가 미로의 기만을 깨닫는 데 있다는 사실을 그는 아직 알지 못한다.

현실에서의 우리의 삶 또한 같은 난국에 처해 있다. 흔히 곤경에 빠진 삶은 미로에 갇힌 느낌을 받게 하는데, 미로의 출구의 존재에 대한 희망을 버리지 않는 한 미로 역시 우리를 놓아주지 않는다. 자신의 인생에 관하여, 삶의 가치들에 관하여, 탄생에 관하여, 사랑에 관하여, 그리고 죽음에 관하여 던지는 우리의 질문들은 우리를 길 잃게 하고, 방황하게 한다. 그런데, 맑은 시선으로 이 모든 방황의 흔적들을 관찰할 수 있었던 사람이라면, 그 궤적 속에서 하나의 패턴을 발견하게 될 것이다. 그것은 반복의 패턴이다. 무엇인가가 끝없이 반복되고 있었다. 그와 같은 깨달음의 순간 우리를 사로잡는 것은 거울 미로의 현기증이다. 우리를 길 잃게 만들고, 출구를 욕망하게 만들었던 미로의 벽면은 모든 장소를 무한 반복하여 반영하는 유리 거울이었다. 현재의 나의 모습은 어제의 나의 모습이었으며, 상상할 수 있는 미래의 나의 모습이기도 했다. 오늘의 나는 나의 부모의 욕망의 반영이며 한 시대의 욕망의 반영이었다.

같은 이야기를 도서관에 관해서도 할 수 있다. 1장에서 우리는 한 인간의 인생을 책에 비유했다. 한 사람의 인생은 타자에 의해서 기록된 책과 같다고. 이것은 인생이 끝없이 서로를 재현하는 책에 관한 책들의 연속이라는 사실을 알려준다. 나라는 사람의 인생의 책은 나의 부모들의 인생의 '책에 관한 책'이었고, 한 시대라는 '책에 관한 책'이었다. 이것은 끝없이 이어지는 도서관의 무한한 목록들과 같다. 책들은 끝없이 이어지는 재현의 반복에 불과했으며, 이와 같은 거울 관계는 인간의 우주를 구성하는 가장 본질적인 논리이다. 그리하여 삶은 아주 정교한 반복의 통제 속에서 양적인 확장만을 거듭하는 가무한적 집합과 같은 것이 된다. 그것은 1 다음에는 2가 오는 방식으로 끝없이 이어지는 자연수의 집합이다. 그러나 만일 이와 같은 무한한 반복의 자연수적 확장에서 멱집합이 문제가 될 경우, 사정은 조금 달라질 수 있다. 이에 대한 논의는 상당히 복잡한 이론일 수 있으므로 안전벨트를 단단히 조이기를 권한다. 잠시면 끝나는 이론 고문 뒤에는 충분한 보상이 기다리고 있을 것이다.

**삶의
멱집합**

멱집합의 존재는 수학의 역사에서 언제나 골칫거리였을 뿐만 아니라 현실정치의 영역에서도 달갑지 않은 개념이다. 멱집합이란 무엇인가? 그것은 주어진 하나의 집합의 원소들이 이합집산에 의해 구성될 수 있는 새로운 부분집합들의 집합이다. 쉽게 말해, 1과 2로 이루어진 집합 {1, 2}의 멱집합은 ∅, {1}, {2}, {1, 2}로 구성된다. 멱집합은 그런 식으로 모집합의 양보다 언제나 많다(모집합<멱집합). 물론 이렇게 유한한 숫자의 원소를 가진 모집합의 멱집합은 그 수를 쉽게 알아낼 수 있지만(2의 n승), 무한집합에 대해서는 그렇지 않다. 예를 들어, 자연수의 무한집합, 즉 {1, 2, 3, 4, 5, … n}을 통상 '오메가0' 또는 ω_0이라고 명명하는데(극한서수), 이것의 멱집합 $p(\omega_0)$은 분명 그의 모집합인 자연수의 무한집합보다 그 양이 클 것이다. 우리는 이러한 $p(\omega_0)$를 ω_1이라고 쓰고, 이에 대한 멱집합 $p(\omega_1)$을 다시 구성해낼 수 있다. 이렇게 해서 ω_1, ω_2, ω_3, ω_4, … ω_n의 끝없이 이어지는 무한 멱집합들의 양의 증가를 묘사할 수 있다. 이렇게 무한히 이어지는 멱집합

---

6 칸토어의 연속체 가설에 따르면 $p(\omega_a)$의 양은 ω_a 자신 바로 다음에 오는 서수($\omega_s(\omega_a)$)로, 즉 ω_1으로 선언된다. 이것은 상태의 양적 초과를 정상화한다. 이것은 또한 모집합과 멱집합 사이에 어떠한 균열도, 초과도 존재하지 않는다는 신념과 관련된다. 이후 등장한 이스턴의 정리는, 이와 같은 연속체 가설이 단지

들의 증가에 있어서 그들 사이의 양적 크기의 다름은 충분히 파악이 가능하다. 즉, ω_1보다 ω_2가, 또는 ω_3보다 ω_4가 크다는 사실.

$$\omega_0 < \omega_1 < \omega_2 < \omega_3 < \omega_4, \cdots < \omega_{n+1}$$

이것은 명백하지만, 그러나 그 '큼'이 얼마나 정확한지에 관해서는 결코 확실히 알 수 없다. 쉽게 말해서, ω_n과 ω_{n+1} 사이에 또 다른 무엇이 존재할 수 있는지에 대해서는 확신할 수 없다. 하나의 상황 속의 요소들이 이합집산을 통해 구성해내는 새로운 부분들의 확장 가능성은 그것의 양적 크기의 대충의 측면만 파악될 뿐 정확성 또는 질적 확산의 측면은 결코 알려지지 않을 것이라는 말이다. 칸토어의 연속체 가설이라 불리는 이 이론은, 모집합과 멱집합 사이의, 즉 세계의 존재론적 확장의 평면에 어떤 균열이나 공백 또는 초과도 존재하지 않을 것을 가정한다.[6] 괴델이 주장하는 '구성 가능성의 가설l'hypothèse de la constructibilité'은 이와 같이 불안정한 방식으로 확장되는 양적인 확산의 차원들을 견고한 언어로 고정시키려는 시도이다. 만일 ω_1의 세계에서 멱집합의 확산이 일어나고 ω_2의 세계가 도래한다고 해도, 오직 ω_1의 세계의 관점에서 식별 가능한 요소들만을 ω_2의 세계로 인정하는 방식이 그것이다. 멱집합에 관련된 이 같은 짧지만 복잡하기 그지없는 논리를 단번에 설명해주는 보다 쉬운 설명을 제시해보도록 하자.

순수한 결정일 뿐 검증 불가능하다는 사실을 논증한다. 즉, 모집합의 재조합을 통해 등장하는 멱집합의 양적 크기는 결정 불가능한, 단지 큰 양일 뿐이다. 즉, ω_a에 대한 $p(\omega_a)$의 양은 아무런 값을 가져도 된다. 따라서 ω_a와 $p(\omega_a)$ 사이에는 언제나 균열이, 구멍이 존재할 수 있다.

a와 b와 c의 요소로 구성된 '조선'이라는 집합을 가정해보자. 조선={a, b, c}이라는 집합의 구성 요소 a와 b는 조선의 양반이며, c는 천민이라는 속성을 가지고 있다고 가정하자. 만일 우리가 이들 요소들을 재조합하여 멱집합, p(조선)을 구성하려고 할 때 사랑의 관점에서 허용될 수 있는 멱집합의 요소들은 몇 개일까? 우선 a와 b를 요소로 다시 조합된 부분집합 {a, b}는 사랑과 결혼이 허용된 부분집합이다. 그러나 {a, c} 또는 {b, c}는 그렇지 않다. 양반(a, b)과 천민(c) 사이의 사랑을 전제로 한 결합은 불가능하다. 그럼에도 우리는 {a, b, c}라는 모집합의 부분집합들, 즉 p(조선) = {∅, {a}, {b}, {c}, {a, b}, {a, c}, {b, c}, {a, b, c}} 중에서 둘의 결합을 허용하는 부분집합이 셋이라는 사실, 즉 {a, b}, {a, c}, {b, c} 라는 사실을 알고 있다. 그러나 모집합을 지배하는 신분질서의 언어에 근거한다면 모집합에서 파생되는 부분들의 집합인 멱집합의 원소들 모두가 허용되지는 않는다는 사실을 알 수 있다. 하나의 세계를 하나의 집합이라고 가정할 때에, 원래의 세계를 살아가면서 그것의 요소들을 재조합하여 전혀 새로운 세계를 만들 수 있을 것 같지만, 그럼에도 원래 세계의 언어(고정관념)는 자신들의 지배력을 벗어나는 새로운 조합(존재의 초과)을 허용하지 않는다. 바로 이것이 바디우가 "[부분]과 [상황 내에서의 인식 가능한 항들] 사이에는 항상 지각 가능한 연관성이 존재한다"라는 말로 의미했던 것이다(『존재와 사건』, 성찰 28). 최근 논란이 되고 있는 동성 간의 결혼에 대해서도 마찬가지 이야기를 할 수 있다. 세계를 구성하는 여성과 남성의 요소들이 사랑의

결합을 국가로부터 제도적으로 인정받는 유일한 경우는 남, 녀의 부분집합을 구성하는 순간뿐이다. 동성 간의 결합은 존재하지 않는 결합이며, 일반적인 국가는 그와 같은 방식으로 세계가 확장되기를 원하지 않는다. 왜냐하면, 현재의 모집합-세계를 구성하는 언어는 여전히 동성애를 자연적인 질서로 인정하지 않고 있기 때문이다.

다시
미로 속으로

멱집합에 대한 현기증 나는 탐사로부터 다시 우리의 '안락했던' 미로의 중심으로 돌아가자. 칸토어와 괴델의 논점이 가진 본질이란 새로움에 대한 거부였다는 사실만을 기억해도 좋다. 통제 가능한 이름들의 질서인 지식에 의해 지배되는 존재-질서는 초과나 방황에 의해서 존재의 유령이 출현하는 것을 거부한다. 지식 또는 고정관념은 존재의 무한성을 유한성 내부에 제한하는 정교한 기술이며, 인간 사유를 지배하는 '잠재적 철학'이었다. 이러한 사실을 염두에 두면서 주변을 돌아보기 바란다. 삶이 어떻게 보이는가? 그것은 선명함의 역설적 미로 아닌가? 삶은 언제나 우리에게 선명한 의미의 질서를 따라 나서게 한다. 우리가 길을 잃었다고 느끼는 순간조차도 선명한 의미의 환상은 더욱 강화될 뿐이다. 삶이 의미를 상실하고 미로 속에 빠졌다고 생각하는 마음의 기원에는 신령한 의미가 그곳에 존재했다는 믿음, 우상일 뿐인 그것이 존재한다. 결국 삶의 지도를 미로로 만드는 것은 출구에 대한 환상이었다. 선명한 의미로 충만한 세계로 나가는 출구, 미로의 끝인 그곳, 멘토들이 삶의 지혜를 가득 담은 자기계발서와 성공사례들로 우리를 기다리는 그곳. 타자의 지식의 장소인 그곳. 지식으로 존재의 유령을 억압하는 바로 그곳. 출구에 대한 욕망이 결국 우리의 삶을 미로로 만드는 숨은 동력이었다. 우리의 존재가 유령처럼 다른 것이 되는 것을 차단하기 위해 마련된 반복의 거울들은 출구에 대한 환상과 함께 주체의 가능성을 제한하고 있었다.

따라서, 삶이 미로인 것은 의미의 제국, 고정관념의 경찰국가의 관점에서 볼 때만 그러하다. 삶이 단 하나의 출구를 찾아야 하는 수수께끼처럼 보이는 것은 오직 출구의 관점에서 미로의 중심을 조망할 때만 그러하다. 만일 자신을 지배하는 의미에 대한 집착, 고정관념의 권력에 저항할 수 있다면, 미로의 닫힌 벽은 외부로 개방된 숲이 된다. 그곳은 새로운 의미의 돌연변이들이 유령처럼 출몰하는, 낮도 아니고 밤도 아닌 아마존의 습지가 된다. 우리의 이성뿐만 아니라 감정까지도 지배하는 고정관념의 폭력이 미끼로 던지는 미로의 출구에 대한 환상을 포기하는 순간, 삶은 전혀 다른 지평을 향해 열리는 개방성이 된다. 더 이상 미로는 없다. 단지 정글이 있을 뿐이다. 그곳은 삶의 요소들이 이합집산 끝에 자유로운 부분들을 만들어낼 수도 있을, 무한히 뻗어나가는 멱집합의 초과로 가득 찬 무의미의 정글이다. 그러나 우리는 이 정글을, 진정한 자유인 그것을 견딜 수 있는가? 우리는 진정으로 그것을 욕망하는가? 혹은, 정글의 잔혹함을 위해 미로의 안락함을 포기해야 할 이유라도 있는가?

질문에 대한 가장 정확한 답은, 이유 없음이다. 삶은 자기를 파괴할 이유가 없다. 세계는 자신의 금자탑을 포기할 이유가 없다. 우리에게 주어진 이 모든 지상의 양식을, 의미의 쾌락인 그것들을 포기할 이유가 없다. 존재는 엔트로피의 항상성의 원칙 속에서 자신을 보존하며, 쾌락을 추구할 뿐이기 때문이다. 그러나 사건의 본질은, 우리가 그것을 원하든 원하지 않든 일어난다는 것이며, 그러한 일어남에 우리가 너무 쉽게 매혹당한다는 사실에 있다. 프로이트와 라깡은 이것을 죽음 충동이라고 불렀다. 특히 라깡은 그것이 창조와 관련된 유일한 정념이라는 사실을 잘 알고 있었다. 사건이 발생하고, 그것에 매혹당한 주체가 자신의 미로를 포기하고, 그리하여 진리를 위한, 창조를 위한 투쟁을 시작할 때, 죽음 충동은 창조의 충동으로 전환된다. 이것은 아주 이상한 절차들로 구성된 고독한 투쟁이다. 어떤 주체도 그것에 매혹당하기 전에는, 진리의 광기에 사로잡히기 전에는, 그러한 투쟁의 고독을 감수하기를 원하지 않을 그러한 투쟁. 미로의 이끼 낀 모퉁이에서 만난 사건의 유령이 우리를 데려가는 곳은 그렇게 우리의 자아가 결코 원하지 않았던 고독의 장소이다.

탐정의
고독

퀸은 이제 자신의 이야기가 결말을 향해 달려가고 있다는 사실을 직감한다. 이때 그를 사로잡은 것은 깊은 고독이었다. 그것은 세상의 누구로부터도 이해받지 못한다는 사실에서 오는 고독이었으며, 심지어는 자기 자신에게조차 이해되지 못함으로부터 유래하는 고독이다. 이제 그를 지탱하는 유일한 힘은 이해가 아닌 확신, 믿음, 혹은 광기였다. 그것은 세상의 어떤 지식에도 의존하지 않는 지식, 어떤 책에도 의존하지 않는 책, 어떤 언어로도 번역 불가능한 언어였다. 그것은 아무것도 비추지 않는 거울이었으며, 현실에 대상을 갖지 않는, 오직 자신만을 반복하는, 자기지시적 이름이었다. 그 순간 퀸이 이해한 유일한 것은, 진리가 이해 불가능성의 영역에, 그러니까 공백의 연안에 내려앉는 새들의 우연한 발자국에 대한 박물지학자의 세밀하고 병적인 분류 작업을 통해서만 접근 가능하다는 사실이다. 그럼에도 퀸이 사건의 전말에 대해 전혀 무지했던 것은 아니다. 그는 아들 스틸맨과 그의 매력적인 아내 버지니아 스틸맨을 미치광이 아버지 스틸맨으로부터 보호해야 한다는 뻔한 스토리는 핑계에 불과하다는 사실을 알고 있었기 때문이다. 이 모든 사건의 본질에는 언어의 권력과 음모로부터 자신을 구해야 하는 퀸 또는 독자의 숙명에 관련된 투쟁이 있었다. 그리하여 더 이상 탐정의 역할 따위는 아무래도 좋다는, 그러한 상태에 퀸이 이르렀을 때, 그가 한 일은 모두가 사라진 스틸맨의 아파트 어둠 속에서 옷을 벗고 빨간 공책에 사건을 기록하는 일이었다. 며칠이, 몇 주가, 몇 달이 그런 식으로 흘렀는지 알 수 없는 낮과 밤의 시간이 지나고 나서, 퀸은 사건이 자신에게 부여한 마지막 임무를 완수하는데, 그것은 소멸이다. 퀸은 그 자신이 그 자신에 관하여 알아볼 수 있는 모든 것을, 모든 정체성을 포기함으로써, 사건이 부여한 임무를 완수한다.

우리는 퀸이 남긴 빨간 노트에 기록된 사건이 정확히 어떤 내용이었는지 알지 못한다. 따라서 소설의 화자로서 후반부에 갑자기 등장하는 엉터리 해석자의 말을 의심하지 못할 이유는 어디에도 없다. 화자는 자신이 작가 폴 오스터의 친구이며, 퀸의 이야기를 전해 듣고 사건의 장소에서 그의 빨간 노트를 발견했노라고 둘러댄다. 「유리의 도시」의 모든 에피소드들은 바로 그의 관점에서 쓰여진 이야기라는 것 또한 뒤늦게 밝혀진다. 그에 의하면, 퀸은 단지 사라졌으며, 허무만이 남겨졌다는 것이다. 과연 그런가? 퀸은 진리에 접근하는 대신 소멸만을 남겼는가? 여기서 말하는 진리는, 퀸이 다른 사람이, 다른 자아가 될 가능성이다. 퀸이 자신을 가두는 세계-미로의 우울함 속에 남는 대신, 탐사의 과정 속에서 발견해낸 새로운 진리의 부분집합을 현실의 세계에 이접시킴으로써 도래하게 만드는 새로운 세계에 대한 가능성. 우리가 이 책에서 퀸에게 해줄 수 있는 최소한의 것, 마지막의 것은, 그러한 가능성을 지탱했던 그의 고독을 설명하는 것이다. 그의 소멸이 가진 발생적 가치를 논증하는 것이다.

주체의
고독

바디우는 주체라는 개념이 결코 무언가를 '아는 자'를 의미하지 않는다는 사실을 강조했다. 지식은 언제나 통념에 근거하며, 통념은 이미 알려진 방식대로의 소외된 삶 이상의 것을 제안하지 않기 때문이다. 주체는 그렇게 지식으로부터의 고립을 의미한다. 주체의 고독은 그런 식으로 시작된다. 고독 속에서, 사건의 이름을 욕망하는 주체는 그것에 충실하도록 자신의 삶을 재구성한다. 그리하여, 그 또는 그녀의 삶의 내부에는 타자들의 보편적 세계와는 다른 특수한 부분집합이 하나 생겨날 것이다. 이것은 세계의 고정관념의 관점에서는 결코 식별되지 않는, 알아볼 수 없는 부분집합이다. 왜냐하면, 그러한 부분집합의 구성 원칙이 불법적 사건과의 접속 가능성 여부에 있었기 때문이다. 주체는 바로 이러한 불법적 절차 그 자체를 의미한다. 그럼에도 주체는 여전히 세계 속에 존재하며, 세계의 틀을 통해 자신을 본다. 따라서 주체는 자기 자신이기도 한 진리의 절차를 지식에 근거해서 이해할 수 없다. 자신이 몰두한 진리가 오직 도래할 시간 속에서만 진리일 것이라는 신념만을 가질 수 있다.

바디우는 라깡을 따라서 이러한 진리의 시간성을 '전미래적 시간'이라고 부른다. 주체는 현재 자신이 사용하고 있는 진리의 용어들이 오직 미래의 시간에서만 그 대상을 가질 수 있을 것이라는 신념 속에서 현재의 부분집합을 구성하고 있기 때문이다. 그런 이유에서 사건에 충실한 주체의 담화는 언제나 공허한 느낌을 준다. 사랑이라는 사건에 몰입한 연인들의 대화가 어린아이의 유치한 속삭임처럼 들리는 이유가 여기에 있다. 그들이 말하는 사랑의 단어들은 도래할 시간성 속에서만 유효할 뿐이다. 혁명적 정치의 주체가 말하는 용어들이 비현실적이며 유토피아적인 것도 그 때문이다. 아방가르드적 예술품 앞에서 관객이 느끼는 유치한 모욕감 역시 그것에 근거한다. 기존 과학의 역사로부터 단절하고 도약하는 새로운 과학의 담론이 추상적이며 비현실적으로 느껴지는 것도 바로 그런 이유 때문이다.

현실 세계의 균열인 사건적 자리와 그에 대한 명명으로부터 시작된 주체의 진리 절차는 세계-지식의 현실적 관점에서는 비현실적이다. 주체의 투쟁은 이러한 비현실을 도래할 현실로 만드는 것인데, 그는 이 싸움을 보편적 지식의 도움 없이, 따라서 대타자의 보증 없이 치리니아 하며, 바로 그것이 고독의 근본적 원인이다. 바디우는 이에 대해서, 주체란 그 자신에 대한 (지식이 아닌) 확신 그 자체라고 말한다. 또는, 주체란 주체 자신에 대한 전미래적 가설을 만들기 위해 사건에 연결된 이름들을 사용하는 자라고 말하기도 한다(『존재와 사건』, 성찰 35). 이에 덧붙여서, 필자는 주체를 사건의 고독을 견뎌내는 자, 혹은 그러한 절차 자체라고 부르고 싶다. 주체는 고독의 절차화이다. 주체는 지금 자신이 새롭게 매혹당한 사건, 그것이 사랑이든, 혁명이든, 과학적 발명이든, 예술적 창조이든, 혹은 자신의 정체성에 대한 변화이든, 그러한 사건으로부터 파생된 새로운 용어들로 새로운 부분집합을 만들어내는 부지런한 일꾼, 진리의 작업자이다. 그는 타자의 어떠한 지식에도 의존하지 않으면서, 오직 사건의 이름과 그로부터 흘러나온 개별적 규범에만 의존할 뿐이다. 이것은 세계와의 대결을 의미하며, 고립을 의미하며, 단절을 의미한다. 누구도 금지된 사랑에 매달린 두 사람을 동정하지 않는다. 누구도 도청을 사수했던 그들의 죽음을 이해하려 하지 않는다. 누구도 갈릴레이의 미친 지동설을 믿지 않는다. 귀를 자른 화가의 작품을 아무도 사지 않을 것이다. 그럼에도, 고독 속의 그들은 당신들의 평범함을 부러워하지 않는다. 미래는 그들의 것이었기 때문에.

이제 바디우를 떠나 우리 자신의 소소한 일상으로 돌아가자. 거기에는 거창한 철학적 견해도, 매혹적인 문학의 은유도 끼어들 수 없는 삶의 빡빡함이 있다. 소란스런 부대낌이 있고, 살가움이 있고, 짧은 환멸들도 있다. 그곳에서 우리는 혁명적 정치의 투사도, 예술가도, 낭만적 사랑의 연인도, 천재적 과학자도 아니다. 차라리 거창한 비극이었으면 좋았을 우리의 삶은, 잘게 갈린 스테이크처럼 맛을 알 수 없는 밋밋함으로 가득하다. 정체를 알 수 없는 이 같은 음식에 풍미를 더하기 위해서라면 바디우보다는 차라리 '오빠의 독설' 류의 자기계발서가 효율적일지도 모르겠다. 그러나 바디우는, 혹은 그로부터 출발하여 어딘가로 나아가려는 이 책은, 조금만 더 욕망할 것을 촉구한다. 나의 자아를, 세계의 테두리이기도 한 그것을 초과하는 욕망. 일상의 소소함이 얼마나 커다란 비극인지를 간파하도록 우리를 몰아붙이는 바로 그 욕망.

바디우는 한 개인 혹은 집단의 차원에서 어떻게 사건을 기다릴 수 있는지, 달리 말해 전前사건적 주체의 과정에 관하여는 이야기하지 않았다.7 그에 따르면, 주체란 오직 사건의 이름에 대한 충실성의 절차이고, 사건 이후의 특정한 관점이다. 주체적인 삶

---

7 바디우는 한 강연에서 '시대를 관찰하고 분석함'의 절차를 이야기하기는 한다. 사건이 어디에서 출현하는지 관찰하고 분석할 것을 철학자의 역할로 규정한다.

이란 그렇게 전적으로 사건-의존적이다. 덧붙이자면, 역사의 흐름을 바꾸는 바디우적 사건은 우리에게 너무 크고, 너무 드물다. 실제로 바디우는 주체란 극난적으로 드문 순간이라고 말한다. 우리는 바로 그러한 진리-사건이 공연되는 세계 무대의 관람석에 위치하는 것으로 만족해야 하는가? 필자는 라깡을 따라서 반론을 제기하고 싶다. 사건은 어디에나 있고, 매순간 일어나며, 익숙하여 인식되지 않을 뿐, 일상의 바닥을 가득 채우고 있다고. 그것은 역사The History가 아닌 개인적 이야기들stories의 사건들이다. 둘은 중첩될 수도 있지만, 대체로 분리되어 있다. 개인들의 이야기 속에서 발생하는 균열들, 증상들, 불안들은 사건의 징후들이다. 개인사를 지배하는 타자의 목소리가 잠시 말해야 할 것을 말하지 못하는 일시 정지의 순간, 우리는 그곳에 사건이 출현하고 있음을, 공백이 소환되었음을 알 수 있거나, 그러하다는 가설을 세울 수 있다. 그 순간 우리는 우리 자신에 대한 하나의 가설을 정립할 수도 있다. 그것은 타자의 목소리로부터, 그것의 지배력으로부터 빠져나가는 나 자신에 대한 가설이다. 이러한 관점은 바디우에 대립하기보다는 확장하는 것이다. 바디우가 제시한 진리가 생산되는 네 개의 필드를 확장하는 것이다. 진리는 문명이 범주화시키는 거대 담론의 역사를 바꾸는 창조의 순간일 뿐만 아니라, 식별되지 않는 작은 범주들의 개인사적 공간의 역사를 바꾸는 유령들이기도 하다. 따라서 개인사의 흐름을 자아의 폐쇄성으로부터 단절시키는 창조의 순간은 개인적 사건의 순간들이며, 이것은 매일의 일상 속에서 매순간 일어나고 있는 극단적으로 흔한 사건들이다. 다만, 이러한 흔함을 알아보지 못하도록 막는 것이 고정관념이다. 이것에 저항하는 유일한 절차가 바로 고독의 절차이다.

고독해져야 한다. 혼자가 되어야만 한다. 세계와 단절하지 않고서는 세계의 지배로부터, 고정관념의 함정으로부터 자신을 지킬 수 없다. 고독의 긴장만이 사건의 유령이 출현하는 것을 알아볼 수 있는 눈을 갖게 한다. 그러한 눈은, 필자가 『라캉 미술관의 유령들』에서 '응시'라고 불렀던 것이다.[8] 그것은 고정관념의 지식 체계가 우리의 시각적 쾌락을 위해 미끼로 던지는 이미지들을 보는 것을 말하지 않는다. 그것은 오히려 고정관념의 스크린 너머를 보는 눈이며, 그곳에 숨겨진 텅 빈 공백을 응시하는 눈이다. 맹인들의 눈빛이 그에 가깝다. 그들의 응시는 누구도 볼 수 없는 '볼 수 없음'을 본다. 그들은 '무'를 보고 있으므로 고독하다. 고독의 절차는 이러한 응시의 고립을 창조적 사건의 시작으로 전환시키는 욕망에 의지한다. 물론 우리 스스로는 그러한 절차에서 무엇도 주도할 수 없을 것이다. 우리가 할 수 있는 일이란 단지 고독해지는 것이며, 우리를 매혹시킬 사건의 출현을 기다리는 것뿐이니까 말이다. 다시 강조하지만 주체란 없다. 스스로 무언가를 이룩할 수 있는 개인의 의지와 같은 신화는 없다. 그래서 고독을 선택하자는 것이다. 인간이 선택할 수 있는 가장 비-선택의 상태에 대한 선택. 이 역설적 (비)선택이 바로 고독이다. 아무것도 선택하지 않음으로써 발생하는 의지의 공백에 대

---

8 『라캉 미술관의 유령들』(책세상), 3부, 소피 칼 참조.

한 의지. 그것이 고독이다. 진리에 관하여 우리가 할 수 있는 최
소한이면서도 동시에 최대한의 것은 마음의 문을 잠그는 것이
다. 역설적이게도, 마음의 문을 잠그지 않는다면 마음은 미래에
로 열리지 않는다.

19세기 말 상징주의 그림들을 지배하는 멜랑꼴리의 매혹은 바
로 이러한 마음의 폐쇄성에 근거한다. 특히 벨기에의 화가 페르
낭 크노프는 고독의 절차를 이미지화하는 전형적인 작품들을
만들어냈다. 그의 작품 속 이미지들의 역할은 이미지가 전혀 존
재하지 않는 텅 빈 공백의 진공을 감싸는 단단한 껍질과 같다.
바로 그 진공을 유지하기 위해서, 고독에 대한 욕망의 투여를 유
지하기 위해서, 크노프는 멜랑꼴리라는 정념의 매혹을 미끼로
사용한다. 그의 그림은 세계를 지배하는 의미들의 질서를 거부
할 수 있는 가장 강력한 단 하나의 의미에 집중하는데, 그것이
바로 멜랑꼴리의 의미이다. 우리가 그림 속에서 알아볼 수 있는
단 하나의 의미는 이미지의 고독이며, 그것이 무엇에 관한 고독
인지는 알려지지 않을 것이다. 모호함의 안개로 둘러싸인 고독
의 정념. 이것은 여성적 고독이며, 실제로도 크노프의 작품 속에
서 욕망을 지배하는 것은 언제나 여성의 이미지이다.

이것은 17세기 알브레히트 뒤러가 그렸던 〈멜랑꼴리아〉의 남성
적 고독과는 전혀 다르다. 남성적 고독은 진리를 홀로 알고 있는
자의 고독이며, 대중들의 무지에 대항하는 플라톤의 고독으로

페르낭 크노프, 〈내 마음의 문을 잠그다I Lock the Door Upon Myself〉(1891)
알브레히트 뒤러, 〈멜랑콜리아Melancholia〉(1514)

부터 기원한다. 그러나 19세기는 그와 같은 고전주의적 환영이 붕괴되는 시기였다. 상징주의자들이 그리는 멜랑꼴리의 정념은 허무주의이 고독이며, 진리의 부재에 대한 주체의 당혹스러움을 드러내는 정념이다. 그것이 여성적 고독인 이유는, 지식의 지배에 무심한 고독이기 때문이며, 진리가 오직 텅 빈 자리로서만 존재한다는 사실에 동의하는 고독이기 때문이다. 울타리 없는, 개방적 고독. 따라서 절차로서의 이와 같은 고독은 기다림이다. 그것은 사건에 대한 기다림이며, 사건에 의해 자신의 개인사가 흔들릴 것을 기다리는 고독에 다름 아니다. 여기서 사건이란, 간밤의 꿈이어도 좋고, 낯선 행인의 미심쩍은 눈빛이어도 좋고, 라디오에서 흘러나오는 한 소절의 음악이어도 좋다. 무언가 고독 속의 주체의 욕망을 자극하는 것이면 된다. 우리는 바로 그러한 작은 사건에서 출발하여 하루의 역사를 다시 쓸 수 있을지도 모른다.

그렇다고, 고독이 타인에 대한 배제를 의미하지는 않을 것이다. 오히려 그 반대이다. 고독은 타인에 대한 사랑을 더욱 강하게 만들어준다. 고독은 타인의 현재 상태état가 아닌 존재 또는 존재의 초과를, 공백인 그것을 욕망하도록 만들기 때문이다. 고독은 고정관념이 부여하는 타인들에 대한 편견을 정지시킴으로써 주어진 그대로의 그들의 모습이 아니라 그들의 미래의 가능한 모습을 사랑할 수 있도록 만든다. 고독은 타인의 이미지로부터 물러나는 것을 통해 타인의 존재로, 순수한 가능성으로 다가서는 것이다. 따라서 고독한 자들의 공동체는 고독이라는 단어가 상상할 수 없었던 역설적 공동체를 구성할 것이다. 고독한 자들의 사회는 서로에 대한 가치판단으로 고정되는 사회가 아니라, 서로의 미래에 대해서, 그 가능성에 대해서 욕망하는 사회이다. 고독의 공동체는 인간에 대해서 규정된 모든 편견으로부터 마음을 닫는 공동체이며, 도래할 규정, 언제나 새롭게 창조되어야 할 인간에 대한 새로운 정의를 욕망하는 공동체이다. 바디우가 말하듯, 속류 공산주의의 오류는 '노동자'에 대한 규정을 이미 존재하는 지식에 의존하여 실행했기 때문에 발생했다. '노동자' 또는 '프롤레타리아'들이 독재하는 세계의 진정한 의미란 존재하는 어떠한 계급의 규정으로도 인간을 재현하지 않도록 저항하는 무한의 절차 속에서만 실현될 수 있다는 사실을 그들은 알지 못했다.

같은 이야기를 연인들의 사랑에 관해서도 말할 수 있다. 연인들 사이의 사랑은 오직 고독 속에서만 완성된다고 말이다. 사랑은 그것 자체의 환영이 우리를 사로잡았기 때문에 시작되었지만, 그러한 환영으로부터 물러서는 것에서 완성된다. 사랑은 두 명의 존재가 하나가 될 수 있다는 환영 속에서 가장 충만한 쾌락을 선물하지만, 바로 그러한 사실로 인해서 환멸이 약속된 것이기도 하다. 사랑의 절차는 결코 둘을 하나로 만들 수 없다. 고독 속에서 사랑하는 것은 바로 그러한 불가능성에 대한 인식을 가능하게 만든다. 내 앞의 당신은 결코 내가 생각했던 그녀가 아니며, 그러해서도 안 된다. 당신은 나의 욕망의 거울이기를 멈추어야 한다. 둘 사이에 존재하는 명백한 국경을 인정하는 것, 그리하여 울타리 이편의 고독을 받아늘이는 것, 울타리 저편의 낯섦을 욕망하는 것, 그것이 사랑이다.

마지막으로, 고독의 절차는 무엇보다 자기 자신에 대한 사랑을 의미할 것이다. 자신의 주어진 조건들에 대한 사랑이 아닌, 알려지지 않은 가능성에 대한 사랑의 절차. 그것은 어떻게 나르시시스적 자아의 한계가 역설적으로 돌파될 수 있는지를 알려주는 절차이다. 고독의 절차는 나의 자아라는 괴물을 숨 쉬게 하는 외부로부터의 공기 유입을 차단함으로써 존재를 진공의 상태로 만드는 기술이며, 이때 질식당한 자아는 텅 빈 자리를 남기며 소멸한다. 고독의 절차는 바로 그 텅 빈 자리를 유지하는 욕망의 기술이다. 텅 빈 자리에 어느덧 사건의 유령이 들어와 떠돌 수 있도록 소량의 환상만을 허용하는 기술. 그것은 소멸을 애도하는 기술인 동시에, 그러한 애도를 축제로 뒤집는 기술이다. 매번 새로 시작되어야 하는 세계를 위한 고독하지만 어쨌든 축제인 그것.

3장

유령적 욕망의 자리

소포클레스가 기원전 441년에 썼다고 알려진 오이디푸스 왕가
의 비극 세 편은 막장 드라마의 정수를 보여준다. 지신도 알지
못하는 사이 아버지를 죽이고, 어머니를 아내로 취한 오이디푸
스 왕은 스스로의 운명을 저주하며 두 눈을 찔러 맹인이 된다.
이것이 3부작의 시작 「오이디푸스 왕」이며 「안티고네」[9]는 가문
의 몰락 이후 오이디푸스의 딸 안티고네가 겪는 고난의 이야기
다. 아버지 대신 왕위를 차지한 삼촌 크레온의 법에 맞서다 죽은
오라버니 폴뤼네이케스의 금지된 매장을 요구하는 안티고네는
마침내 산 채로 무덤에 갇혀 죽어간다. 오이디푸스 왕가의 저주

---

9 「안티고네」의 내용은 다음과 같다. 오이디푸스 왕은 자신에게 내려진 저주, 아
버지를 죽이고 어머니를 아내로 취한다는 신탁을 깨닫고 눈을 스스로 찔러 장
님이 된다. 그가 왕국을 떠나버리자 그의 두 아들 에테오클레스와 폴뤼네이케
스는 왕권을 놓고 대립한다. 에테오클레스는 삼촌 크레온의 지원을 받았고, 폴
뤼네이케스는 타국의 군대를 끌어들여 싸움을 시작한다. 싸움 끝에 둘 모두 서
로의 칼에 찔려 죽고 만다. 이후 왕권을 어부지리로 차지한 크레온은 에테오클
레스의 장례를 성대히 치르는 한편 폴뤼네이케스는 외국의 군대로 모국을 유
린하려 했던 반역자로 간주하고 매장조차 금지한다. 오이디푸스의 딸 안티고
네는 버려진 폴뤼네이케스의 시체를 매장해줄 것을 요구하며 크레온과 대립하
고 결국 석굴에 갇혀 죽게 된다. 안티고네의 약혼자였던 크레온의 아들 하이몬
은 이 사실을 알고 자결한다. 크레온의 아내 에우리뒤케는 아들의 죽음을 비탄
하여 역시 자결한다.

는 그렇게 완성된다. 3부작 중 특히 이 두 편의 비극을 관통하는 것은 근친상간적 욕망의 금지와 위반이다. 오이디푸스는 어머니를, 그리고 안티고네는 오라버니를 욕망했다. 그런데 이 둘 사이의 차이점이 우리의 주목을 끈다. 오이디푸스는 자신도 알지 못하는 사이 이 모든 위반을 행한다. 그는 자신의 무지를 방패막이로 해서 금지의 선을 넘는다. 그러나 안티고네는 처음부터 모든 것을 알고 있다. 자신이 법을 위반하고 있으며, 이제 곧 죽게 될 것이며, 소멸할 것이라는 사실을 그녀는 명백히 안다. 이 둘의 행동 속에서 우리는 위반의 두 가지 유형을 보게 된다. 소외된 위반과 주체적 위반이 그것이다.

소외된 위반은 욕망이 우리 자신을 기만하는 가장 은밀한 계략이다. 은폐된 방식으로 충동을 향유하도록 만드는 위반은 파국이 오기 전까지 위반으로 보이지 않는다. 오이디푸스가 누렸던 테바이 왕국에서의 향유가 그것이다. 아버지를 죽이고 어머니를 취한 자는 진실을 모르는 동안만큼은 행복했다. 앎에 대한 욕망이 그를 파괴할 때까지 그는 여전히 쾌락원칙의 보호 아래 있다. 만일 오이디푸스가 테바이 왕국의 선왕 라이오스의 죽음에 대해 의문을 갖지 않았더라면 그는 파멸하지 않았을 것이라는 말이다. 소외된 위반의 이 같은 공식은 한국 사회를 지배하는 막장 드라마의 토대를 이루는 구조이다. 막장 드라마들은 한결같이 아버지를 죽이고 어머니를 취하는 욕망을 변주한다. 시어머니의 아들에 대한 욕망과 며느리에 대한 숨겨진 증오는 바로 이러한 변주의 여성적 판본이다. 혹은, 이혼한 여성의 전 남편에 대한 증오와 자식에 대한 욕망은 낯선 훈남의 출현으로 실현되곤 하는데, 이것은 전 남편이 법을 강제하는 폭군적 아버지로 은유되고 있으며, 새로 출현한 훈남은 새로운 욕망의 대상으로, 그녀가 잉태하게 될 새로운 아이로 은유되는 구조를 갖는다. 이 모든 욕망의 잔치는 사랑, 효, 정절, 가족애와 같은 유교적 미사여구로 은폐된다. 우리가 이 욕망의 구조를 알기를 원치 않는다면, 드라마는 무구한 모습으로 욕망의 황홀한 변주를 지속할 수 있고 우리 역시 그것을 즐길 수 있다. 바로 그런 이유 때문에 드라마는 오이디푸스 왕이 했던 질문, 누가 라이오스 왕을 죽였는가라는 파국적 질문의 해답을 끝없이 뒤로 미루는 구조 속에서 지탱된다.

그러나 안티고네는 다르다. 그녀는 알면서 도발한다. 그녀는 금지된 것보다 더 중요한 것이 있다고 믿는다. 그녀의 욕망은 오라버니에 대한 근친상간적 충동으로부터 비롯되었지만, 그녀의 집요함은 이것을 하나의 가치로 형성하기 시작한다. 그것은 법과 질서의 남성적 세계를 넘어서려는 여성적 욕망의 가치이다. 우리가 이 책의 세 번째 이야기 속에서 탐사하고자 하는 것이 바로 안티고네의 유령, 그 무시무시한 진리에 대한 욕망이다. 어떻게 남성적 지배 질서의 한계를 초과하는 욕망이 가능할 것인가, 혹은 여성적 욕망의 본질은 무엇인가를 묻는 질문을 드라마라는 아주 오래된 문명의 형식을 빌어서 탐사해보고자 한다.

드라마의
비누 기능

흔히 '드라마'라고 부르는 텔레비전 프로그램의 기원이 미국이라는 점과, 그들이 이것을 '숍 오페라soap opera'라고 불렀다는 사실은 흥미로운 상상을 자극한다. 최초의 숍은 1946년에 미국에서 만들어진 〈파어웨이 힐Faraway Hill〉이며, 1952년부터 시작된 〈가이딩 라이트Guiding Light〉는 2009년까지 무려 57년간 방영되었다. 주로 가정주부들의 무료함을 달래주기 위해서 만들어졌던 이들 드라마는 평일 낮 동안 방영되는 '데이 타임 숍'과 주말 저녁에 방영되는 '프라임 타임 숍'으로 나뉜다. 둘 모두 주부들에게 비누와 세탁 세제 등을 판매하던 기업에서 협찬하는 자금으로 만들어졌고, '숍'이라는 이름도 이에 기원한다. 이후 숍 오페라는 세계 전역으로 퍼져나갔다. 남미의 텔레노벨라telenovela, 프랑스의 세리 텔레비제série télévisée, 그리고 우리나라의 연속극 또는 드라마라 불리는 것이 이에 해당한다.

이들의 특징은 대개 가족사 내에서 벌어지는 음모와 배신과 사랑을 다룬다는 점인데, 그보다 본질적인 것은 감정의 세탁 기능이다. 숍 오페라는 말 그대로 시청자의 감정을 씻겨준다. 기원전 4세기 고대 그리스의 철학자 아리스토텔레스는 이러한 '비누-기능'을 '카타르시스catharsis'라고 불렀다. 그는 특히 소포클레스의 비극과 같은 작품을 감상하면서 느끼는 감정적 고양과 비워짐의 과정에 주목했다. 프로이트의 용어를 쓰자면, 그리스 비극은 두려움과 연민의 감정을 자극함으로써 일종의 '감정적 배설décharge' 또는 '해제 반응abréaction'을 야기한다. 그것은 마음속에 잔존하는 명명되지 못했던 감정의 재현을 의미하며, 상징화를 의미하며, 의식화를 통한 해소를 의미한다. 한편, 카타르시스 기능에 대한 최초의 의학적 정의는 역시 고대 그리스의 의학자 히포크라테스에게서 발견된다. 그는 카타르시스를 신체 내에 존재하는 '불량 체액humeurs peccantes'의 씻어냄, 즉 정화로 보았다. 카타르시스란 그렇게 불량한 것을 제거하는 순화의 기능을 갖는다.

카타르시스와 함께 비극의 또 다른 주요 기능으로는 '욕망의 우회적 실현'이 있다. 이것 역시 인간의 감정을 정화하는 기능을 한다. 관객의 마음속에 존재하는 불손한 욕망들에 이름을 부여하고 이들을 다양한 안전장치 안에서 우회하여 만족될 수 있도록 이야기를 꾸며내는 것이 그것이다. 이 기능은 현대의 드라마극, 특히 막장 드라마의 형식에서 주요한 역할을 한다. 이것은 카타르시스 기능의 보다 은밀한 형태이며, 감정을 특별히 고양하지 않으면서도 정화하는 묘한 작용을 한다. 예를 들어보자.

한 여인이 있다. 그녀는 신분이 전혀 다른 한 남자를 사랑한다. 둘 사이의 신분적 차이는 금지와 욕망의 표상으로 작용하고 있다. 여자는 가난하고, 배우지 못했고, 심지어 염치없고 불한당 같은 부모와 친지들에 둘러싸여 있다. 그런 여자가 젊고 잘생긴 남자를 만난다. 남자의 결점이라면 여자에 비해 신분이 너무 높다는 점이나. 대체로 드라마 속에서 이런 남자들의 직업은 '본부장', 즉 기업 총수의 아들이다. 과거 드라마의 여주인공은 대체로 결혼을 하지 않은 처녀였지만, 최근에는 이혼녀나 미혼모인 경우가 많다. 앞서 나열된 '결점'의 리스트에 결정적인 하나가 더 추가되는 것이다. 한국에서 높은 시청률을 기록하는 모든 드라마는 바로 이와 같은 기본적 스토리 라인을 가지고 있거나 그것을 은밀하게 변주한다. 금지된 욕망에 도전하는 억압받는 여성의 이미지에 대한 무한한 변주들. 드라마 속 여자 주인공들은 현실에서라면 거의 실현 가능성이 없는 사랑 이야기를 완성하고, 행복한 결말에 도달한다. 드라마의 이러한 환영적 기능은 무구하다고 말해질 수도 있다. 만일 우리가 원하는 사랑이 그와 같은 것이었다면, 그것이 아무리 비현실적이라 해도, 드라마는 우리의 욕망을 충실히 재현해내고 있었을 뿐이니, 누구도 이를 탓할 수는 없다. 그러나 문제는 전혀 다른 차원에 존재한다.

좀 더 진지하게 질문을 던져보자. 가난한 여인이, 미혼모가, 이혼녀가 욕망했던 것이 재벌 2세와의 사랑이었는가. 텔레비전 앞에 앉은 한국의 (어떤 의미에서든) 억압받는 여성들이 욕망하는 것이 본부장님과의 달콤한 로맨스였는지를 말이다. 과연 그런가? 여성들의 욕망은 그와 같은 방식으로 쉽사리 구체화될 수 있는 것이었나? 어쩌면 시청자들이 원하는 것은 전혀 다른 것이지 않았을까? 재벌 2세와의 로맨스는 바로 이 전혀 다른 것을 가장 은밀하게 대리해줄 수 있는 사이비 대체물, 정신분석에서 '대상 a'라고 부르는 것은 아니었을까? 비극과 드라마의 주요 기능에 '욕망의 우회적 실현'을 포함시킨 것은 바로 이와 같은 대체를 설명하기 위해서였다. 고대 그리스의 비극으로부터 한국의 막장 드라마에 이르기까지 모든 종류의 이야기는 우리의 욕망을 표현하는데, 언제나 우회적으로만 그렇게 한다. 여기서 우회적이라는 용어가 가리키는 것은, 그것이 처음에 욕망했던 것이 아닌 다른 것을 욕망하도록 만든다는 사실이다. 스펙터클로서의 모든 서사시는 관객의 욕망을 변형함으로써만 완결된다. 그렇다면 여성적 욕망이 원했던 것은 무엇인가? 막상 드라마가 욕망의 막장을 보여준다는 알리바이 속에서 은밀하게 감추려고 했던 진정한 욕망, '불량 체액'으로서의 그것은 무엇인가?

남성적 욕망의
초과점

남성적 욕망은 법과 질서에 헌신한다. 남자들이 드라마 대신 스포츠 중계에 열광하는 것이 바로 이 때문이다. 남성들은 자신들의 욕망의 분출이 규칙에 의해 재단되는 것을 보며 쾌감을 느낀다. 예를 들어, 최근 인기를 얻고 있는 UFC 종합 격투기 시합의 쾌감은 결코 그것의 폭력성에 있지 않다. 그것의 근본적 재미는 야만적 폭력성이 엄격한 규칙에 의해 제한당하는 이미지로부터 오는 것이다. 서로를 죽일 듯이 주먹을 휘두르는 두 남자의 폭력성은 게임의 종료를 알리는 신호음에 의해 정지되고, 원수 같던 두 선수는 서로에게 악수를 청하고, 판정의 결과에 승복한다. 역설적이게도, 남자들은 복종하는 데에서 쾌감을 느낀다. 만일 남성적 욕망이 법과 질서에 도전하고 일탈하는 모습을 보인다면, 그것은 다시 돌아오기 위한 우회의 운동일 뿐이다.

이러한 현상은 인간이 말을 배우는 어린아이의 단계에서 법과 질서를 받아들이는 과정으로부터 비롯된다. 법과 질서는 언제나 아버지와 관련된 이미지 속에서 아이에게 강제된다. 아이는 자신의 욕망을 아버지의 법에 의해 제한당함으로써 '사회화'된다. 남자들이 상징적이며 추상적인 가치에 목숨을 거는 것은 그것이 법과 관련된 것이기에 그러하다. 그런데 남성적 욕망과 관련하여 흥미로운 점은, 이것이 스스로를 초과하는 오류의 지점을 생산해낸다는 사실에 있다. 법과 질서를 강박적으로 추구하는 남성적 욕망은 법과 질서를 붕괴시키는 초과의 지점을 자발적으로 출현시킨다. 우리는 이에 관련된 사례를 역사 속에서 수도 없이 찾아볼 수 있다. 예를 들어, 르네상스 미술은 고전주의의 부활을 알리는 미술이었으며 의심의 여지없이 남성적 미술

이었다. 르네상스는 수학적 세계관을 토대로 해서 아름다움이
수로 셈해질 수 있다는 신념 속에서 추구되었기 때문이다. 15세
기 이탈리아를 중심으로 시작된 이 놀라운 문화의 경향은 세계
를 수학적으로 재현해낼 수 있다고 믿었으며, 이러한 믿음은 우
주의 본질이 수학적이라는 확신에 근거한다. 특히 미술에서의
원근법은 우주의 수학적 존재 방식을 미술 작품 속에서 모방하
는 기법으로 창안된다. 원근법이란 세계의 사물들을 일정한 간
격 속에서 배치하고, 화면의 소실점을 향해 규칙적으로 사라져
가도록 만드는 기술이었다. 이와 같은 기술은 세계의 사물들을
현실적으로 그려내 보여주는 뛰어난 기술로 인정되었고, 추구
되었다. 그런데 이러한 재현 원칙으로서의 원근법이 과도하게
강조될 경우에 어떤 일이 일어나는지를 관찰하는 것은 상당히
흥미롭다.

다음 페이지의 그림은 1438~1440년에 그려진 것으로 추정되는
초기 르네상스의 화가 파올로 우첼로의 작품 〈산 로마노 전투〉
이다. 미술에 별다른 지식을 갖지 않은 관람자라 해도 그림에서
쉽사리 어색한 점을 찾아낼 수 있다. 전장의 바닥에 쓰러진 군인
들의 사체와 버려진 병기들이 소실점을 향해 가지런히 배열되
어 있다는 점이 그것이다. 우첼로는 원근법에 과도하게 집착한
나머지 그림 속 사물들의 자연스러움을 훼손하는 수준으로까지
원근법적 배치를 강조하고 말았으며, 그 결과 화면 속의 리얼리
티는 붕괴되고 만다. 법칙에 대한 강박적 추구는 법칙 자체의 비

현실성을 폭로하게 되는 것이다.

이와 같은 초과점의 출현은 원근법이 포기되는 19세기에도 등장한다. 마네를 비롯한 인상주의자들의 경우가 그것이다. 인상주의자들에 대한 가장 잘못된 오해는 그들이 현실을 재현하는 리얼리즘을 포기했다는 생각이다. 인상주의자들은 오히려 정반대였다. 그들은 사진의 발명 이후 세상이 고전주의자들이 추구하듯 원근법적인 방식으로는 정확히 재현될 수 없다는 것을 알게 된 새로운 사실주의자들이었다. 이들의 고민은 어떻게 원근법 없이 세계를 정확히 재현할 수 있는가에 집중되었고, 회화의 위협적인 경쟁자였던 사진의 기술을 모방하기 시작한다. 먼저, 마네는 사진의 이미지에서 보여지는 납작한 공간감에 주목한다. 사진에 의해서 환기된 시각적 현실 속에서의 리얼리티는 고전주의자들의 그림 속에 등장하는 깊은 공간감이 아니었다. 현실적이며 사실적인 공간의 이미지는 생각보다 깊지 않았던 것이다.

다음 페이지의 상단 왼쪽 이미지는 1826년에 니세포르 니엡스에 의해 촬영된 것으로 알려진 최초의 사진 이미지이며, 그 옆은 1838년 다게르에 의해 촬영된 것이다. 둘 모두 당시의 회화에서 강조되던 깊은 공간감이 존재하지 않는다. 사진 이미지는 현장의 빛에 의해 남겨진 현실의 흔적이라는 리얼리티의 절대적 보증을 담보 받고 있었지만, 그러나 고전주의 회화와는 상당히 다

파올로 우첼로, 〈산 로마노 전투Battaglia di San Romano〉(1438)

른 모습을 보여주고 있었다. 마네가 그린 모든 회화는 사진 이미지의 바로 이와 같은 새로운 공간 형식에 자극을 받은 산물이었다(마네에게 사진 이미지는 일종의 바디우적 사건을 의미했다). 그리하여 마네의 그림들은 고전주의자들의 입장에서는 상당히 서툴게 보였다. 공간의 깊이가 존재하지 않는 그림은 잘못 그려진 오류의 이미지, 초과의 이미지처럼 보였던 것이다.

아래의 그림은 그 유명한 〈올랭피아〉이다. 간단한 관찰만으로도 우리는 그림 속의 인물과 배경이 마치 평면처럼 납작하게 붙어 있다는 사실을 알게 된다. 마네는 고전주의 회화가 하듯이 원근법적인 사물의 배치를 통해 공간을 만들어내지도 않았으며 인물의 신체에 명암법을 사용하여 양감을 만들어내지도 않았다. 마네는 오히려 평면적 효과를 강조하기 위해서 인물과 사물들에게 정면으로 빛을 비추는 효과를 사용했다. 사물의 존재감을 표현하는 데에 3차원적 환영이 꼭 필요한 것은 아니라는 생각과 함께 당시의 사진 이미지들이 그에게 주었던 매혹적인 인상을 그림 속에 적용시켰다. 이렇게 사물의 입체감을 배제하고 공간의 깊이를 납작하게 만드는 기법은 〈막시밀리안 황제의 처형〉이라는 작품에서 극에 달한다. 이 작품에서 마네는 상식적인 시각으로는 결코 자연스러워 보이지 않을 구도를 만들어냄으로써 고전주의적이며 수학적이었던 시각 질서로부터 완전히 벗어난다. 〈막시밀리안 황제의 처형〉에서 우리는 도저히 상식적으로는 납득이 가지 않는 공간의 이미지를 본다. 왼쪽에서 처

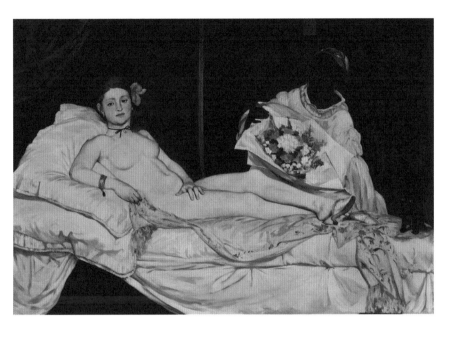

조제프 니세포르 니엡스, 〈창문에서 바라본 전망 Point de vue de la fenêtre〉(1826)
루이 자크 망데 다게르, 〈사원의 거리 Boulevard du Temple〉(1838)
에두아르 마네, 〈올랭피아 Olympia〉(1863)

형당하는 막시밀리안 황제와 오른쪽에서 그를 사살하는 군인들 사이의 거리가 바로 그 납득할 수 없는 공간이다. 군인들의 총구는 막시밀리안 황제의 목에 거의 닿을 듯한 거리에서 발사되고 있는데, 물론 실제에서의 총살은 그런 식으로 일어날 수 없다. 사형수와 군인 사이의 거리는 최소한의 상식적 거리를 유지해야 한다. 마네는 어째서 이 같은 공간의 비틀림을 허용했던 것일까? 이에 대해 마네 자신은 아주 간단한 대답을 제시할 것이다. 그것은 처형 장면이 "실제로 그렇게 보였기 때문"이라는 대답.[10]

우리는 사진의 이미지를 통해서 때로는 우리가 생각하던 관념 속의 현실과 실제 현실의 이미지 사이에 차이가 존재한다는 사실을 깨닫고 놀라게 되는 일이 있다. 사진 속에서 빛이 비쳐 들어오는 양과 위치에 따라서 혹은 의도치 않게 배열된 사물들의 뜻밖의 구도에 따라서 이미지는 우리가 상상하던 세계와는 조금 다른 현실을 보여준다. 마네가 주목한 것이 바로 이것이다. 현실에 더 근접한 이미지를 그리기 위해서는 관념적인 틀로부터 벗어나는 이미지의 배열이 필요했다. 당시의 지배적 관념은 신고전주의 미술의 시각이었다. 마네는 이것을 극복하고 좀 더 정확한 리얼리티에 접근하고자 사진 이미지의 특수성을 빌려오는 방식을 택했다. 그렇다고 마네가 현실 재현의 기능으로부터 회화를 분리하려 했다고 생각하면 곤란하다. 마네는 더욱더 현실적인 이미지의 재현을 원했고, 이를 위해서 고전주의의 낡은 기술을 거부했을 뿐이니까 말이다. 그리하여 마네가 이르게 된

---

10 "Peinture de Manet. Suivi de Michel Foulcault: un regard." ed. Traces écrites, 2004.

에두아르 마네, 〈막시밀리안 황제의 처형 L'Exécution de Maximilien〉(1869)

곳은 어디인가? 그곳은 진정한 사실주의 회화의 장소인가? 우리가 이미 1장에서 다루었던 것처럼, 마네가 도달한 곳은 오히려 회화를 현실의 리얼리티를 재현하는 도구의 자리로부터 갑작스레 일탈시키는 초과의 지점이었다. 마네의 리얼리즘은 그것에 대한 강박적인 추구 속에서 오히려 리얼리즘 회화 자체의 불가능성을 폭로하는 장소에 도달한다. 회화란 물감 덩어리일 뿐이며, 사각형의 천 조각에 불과하다는 진실이 폭로되는 지점. 마네와 인상주의자들은 바로 그러한 방식으로 2,400여 년간의 고전주의 전통을 종식시킨다. 그들 자신이 가장 충실한 최후의 고전주의자가 됨으로써 고전주의 자체의 몰락을 초래했던 것이다. 법과 질서 아래 이미지들을 배열하고자 했던 고전주의적 강박관념은 바로 그러한 강박의 극단적 추구 속에서 몰락했다.

같은 이야기를 「오이디푸스 왕」과 「안티고네」에 대해서도 할 수 있다. 테바이의 왕 라이오스가 예언자의 신탁을 믿지 않았다면, 신의 법을 맹신하지 않았다면, 이제 막 태어난 아들 오이디푸스를 들판에 내다버리지 않았을 것이며, 그렇게 버려진 아들이 돌아와 자신을 죽이지도 않았을 것이다. 국가를 배반한 왕자 폴뤼네이케스의 시체를 매장하지 못하도록 명했던 크레온 역시 법의 초과 속에서 고통스러워한다. 아들 하이몬과 결혼하게 될 자신의 조카 안티고네가 법을 어겼기 때문이다. 크레온은 보편적 법질서의 정립이 오히려 법 자체의 몰락을 가져오는 모순 속에서 괴로워한다. 법을 어긴 안티고네를 죽여야 하는 자신의 운명, 그리하여 자신의 아들이며 안티고네의 약혼자인 하이몬이 자살하고, 자신의 아내가 아들의 죽음 앞에 역시 목숨을 버리는 몰락의 연쇄를 자초한 것은 법에 대한 남성적 충실성이었다.

바로 이 몰락이 여성적 욕망의 형상이다. 남성적 욕망과 여성적 욕망이 구분되어 존재하는 것이 아니라, 남성적 욕망이 몰락하는 지점에서 출현하는 것이 여성적 욕망이다. 만일 우리가 여성적 욕망에 대해 무한, 한계 바깥, 혼돈, 일탈 등의 수사를 사용하려고 한다면 이러한 용어들에 의미를 부여해줄 유한, 한계 내부, 질서, 일관성 등의 용어를 전제해야 하기 때문이다. 만일 아버지의 법에 의한 욕망의 거세가 없었다면, 위반에 대한 욕망 또한 없을 것이기 때문이다. 그리고, 몰락은 창조의 시작이다. 오직 사유의 몰락만이 고정관념의 성벽으로부터 존재를 해방시켜줄 통로를 만들기 때문이다.

거울 보는 여자

라깡의 거울 단계 이론에 따르면 아이는 거울 속 자신의 이미지를 발견함으로써 비로소 신체적 통일성의 개념을 갖게 된다고

한다. 거울을 보기 이전의 아이는 자신의 팔과 다리가 제멋대로 움직이며 분리된 듯 통제 불가능한 상태에 있다고 느낀다. 거울 이미지는 바로 이러한 분열의 감정을 해소해준다. 거울 속에서 아이는 사지가 단단히 붙어서 하나의 신체를 이루고 있다. 이것이 인간의 심리가 자기 자신에 대한 이미지의 통일성을 획득하는 첫 번째 단계이다. 물론 이것은 하나의 은유이다. 거울이 없던 시절의 인류도, 혹은 자기 자신의 이미지를 아주 늦게 만나게 되는 아이도, 신체 이미지의 통일성을 이미 가질 수 있기 때문이다. 이 같은 거울 단계의 은유 속에서 무엇보다 중요한 것은 거울 보는 아이가 의존하는 타자의 개념이다. 아이는 거울 속 자신의 이미지가 하나의 '정당한' 존재인지 아닌지를 부모 또는 부모의 역할을 하는 다른 어른의 보증 속에서만 확신할 수 있다. 거울을 보는 아이의 시선이 자신의 이미지를 확신하기 위해서는 언제나 타자의 시선이 아이 뒤에 존재해야만 한다. 이로부터 하나의 상식적인, 그러나 인문학적 중요성을 내포한 도약이 가능해지는데, 그것은 바로 우리 자신의 이미지에 대한 고정관념의 지배이다. 우리는 스스로의 이미지를 고정관념이라는 타자의 시선의 의존해서만 관찰할 수 있다.

예를 들어보자. 거울 앞에 한 여인이 있다. 그녀는 거울 속 자신의 이미지에서 무엇을 보는가? 거울 속에는 삼십대의 한 여성이 자신을 바라보고 있으며, 스스로의 정체성에 확신을 갖지 못해 불안한 눈빛을 던지고 있다. 적지 않은 인생을 살아왔음에도, 그리고 적지 않은 인생이 새롭게 펼쳐질 것임에도, 그녀는 어쩐지 불안하다. 한 번의 이혼과, 한 아이의 엄마라는 이미지는 거울 속에서 이제 막 흩어져버릴 듯 흔들리고 있다. 그녀는 거울 속 이미지를 고정시키려 안간힘을 쓴다. 그녀는 '그럼에도 불구하고' 아름다운 여자이고 싶다. '그럼에도 불구하고' 능력 있는 여자이고 싶다. '그럼에도 불구하고' 좋은 엄마이고 싶다. 동시에 좋은 딸, 좋은 동료, 좋은 친구이고 싶다. 그러나 거울 속 자신의 이미지는 '좋은'이라는 형용사로부터 멀어져가고 있다. 그녀는 결혼과 사랑에 실패했으며, 보잘것없는 직업적 성과를 움켜쥔 채 한 줌의 삶에 매달려 있다. 좋은 엄마가 될 확률은 더더욱 낮아지고 있다. 결정적으로 그녀는 늙고 추해져간다. 거울 속의 그녀는 결코 그녀가 원하던 그런 여자의 이미지는 아니었다. 이런 그녀에게 재벌 2세, 훈남 본부장이 나타나 손을 내밀 것 같지는 않다. 그리고 그럴 것 같지 않은 그런 이야기들이 펼쳐지는 드라마에 몰입한 그녀의 눈빛에는 영혼이 없다.

여기서 그녀가 아직 알지 못하는 것은 거울 속 자신의 이미지를 바라보는 시선이 자신의 것이 아니라는 사실이다. 거울 속의 자신을 지켜보는 것은 한 남자의 눈, 응시이다. 그녀가 거울 속 자신의 초라한 이미지를 들여다보느라 방심한 사이 거울 앞 그녀의 자리를 빼앗아 앉은 한 남자의 응시가 거울 속 자신을 바라보고 있었다. 같은 의미에서, 거울 속에 있는 그녀 역시 그녀가 아니다. 거울 속의 그녀는 거울 바깥의 남자의 응시를 위해 치장

된 가상의 이미지, 아첨하는 이미지였을 뿐이다. 그렇게 모든 것은 서로를 비추는 환상이었다. 오직 거짓이 아닌 것은 거울 앞의 자리, 한때 그녀가 앉아 있었을 수도 있는, 그러나 이제는 텅 빈 그녀의 자리, 이제는 낯선 남자의 응시가 차지해버린 그 자리뿐이다. 거울 속의 그녀가 화장을 하고, 미소를 짓거나 눈물을 흘리는 것은 모두 이 낯선 남자의 응시를 위해서였다. 라깡이 "대타자의 응시"라고 불렀던 그것, 그리고 우리가 단지 고정관념의 권위주의적 응시라고 부르고자 하는 남성 지배적 사회의 응시. 이러한 남성적 고정관념의 응시는 남성적 욕망을 표현한다. 남성적 욕망이란 위에서 설명된 것처럼 법과 질서의 내부로 세계를 한계 지으려는 욕망이었다. 바로 이러한 남성적 지배 질서의 체계에 근거해서 무엇이 좋은 여자인지, 아름다운 여자인지, 좋은 엄마인지, 훌륭한 여성인지의 기준이 정해진다. 그것은 세상의 모든 존재를 하나의 질서 아래 재편하는 셈하기의 기능이다 (하나로 셈하기). 모든 거울 보는 여자의 존재를 지배하는 것은 바로 이 기능이다. 그리고 모든 여자는 거울을 본다. 왜냐하면, 거울 단계를 통해서만 우리는 스스로의 정체성을 정립할 수 있기 때문이다.

그런데 여기서 한 가지 질문이 제기될 수도 있다. 거울 속의 그녀는 자신을 지켜보는 남자의 응시를 모르고 있는 것일까? 거울 속에서 화장을 하는 이유가 거울 밖 남성들의 시선을 만족시키기 위해서였던 것과 마찬가지로 자신이 만들어가는 인생의 이미지가 남성적 권위주의의 응시를 만족시키기 위해서였다는 사실을 그녀는 정말 모르고 있는 것일까? 아마도 그럴 것이다. 그녀의 욕망은 그것을 모른다. 만일 그녀가 이 사실을 알고 있었다면, 그것은 그녀 안의 그녀가 아닌 그의 차원에서이다. 그녀 속에 존재하는 남성적 욕망은 이것을 안다. 여자라고 해서 여성적 욕망만을 갖는 것은 아니기 때문이다. 거울 바깥의 남성적 욕망의 응시에 화답하고 공모하는 것은 그녀 내면의 남성적 욕망이다. 이 남성적 욕망은 그녀의 여성적 욕망이 알지 못하도록 하기 위해 스스로 그것을 안다. 이것이 바로 '무지를 위한 지식'[11]이다. 알지 않기 위해 아는 것. 남성적 욕망은 질서에 화답하고, 여성적 욕망은 모호한 채로 남는다. 그런데 만일 여성적 욕망이 깨어나고 자각한다면 시선을 들어 거울 바깥을 보려 하지 않을까? 물론 그런 일은 금지되어 있다. 드라마 속의 여자 주인공이 카메라를 정면으로 바라보는 것이 금지되어 있는 것과 마찬가지로, 거울 속의 여자가 거울 바깥을 정면으로 바라보는 것은 금지되어 있다. 왜냐하면, 만일 그런 일이 일어날 경우, 거울 바깥에서 여자를 바라보던 남성적 응시의 존재가 폭로당하기 때문이다. 환영적이었으며 기만적이었던 거울 구조가 백일하에 드러날 것이기 때문이다.

---

11 여기서 말하는 '무지를 위한 지식'은 신경증적 기만과 소외 내부에서 작동하는 부정적 개념이다. 반면, 소크라테스적 '무지를 위한 지' 혹은 '해박한 무지 Docta Ignorantia'의 개념은 보다 긍정적이며 발생적 진리를 위한 '무지'의 개념이다. "내가 아는 유일한 것은 내가 무지하다는 사실이다"라는 소크라테스의 명제가 그것이다.

신디 셔먼의
거울

실제로도 드라마 속 여자 주인공이 카메라를 정면으로 바라보는 것은 금지된다. 그런 일은 극히 드물게만 일어나거나 거의 일어나지 않는다. 왜일까? 그것이 금지된 이유는, 여자 주인공의 시선이 텔레비전 바깥의 시청자의 시선과 마주치는 것을 누구도 원하지 않기 때문이다. 텔레비전 화면과 거울은 동일한 구조를 가지고 있다. 여성들은 텔레비전 화면에 자신들의 꿈을 비추어 본다. 자신과 드라마의 등장인물들을 동일시한다. 그런 의미에서 텔레비전은 여성들이 정체성의 이미지를 확인받는 거울단계의 매개체이다. 여성들은 텔레비전을 통해서, 특히 드라마를 통해서 무엇이 행복인지, 무엇이 불행인지를 배운다. 자신들의 성욕이 어떠한 방식으로 실현될 수 있는지를 습득한다. 만일 여자 주인공이 카메라의 정면을 응시하는 경우가 있다 해도 그것은 맞은편에 존재하는 드라마 속 또 다른 인물이나 사물이 가정되는 한에서이다. 여자 주인공은 결코 드라마의 환영적 공간 바깥을 보아서는 안 된다. 그곳은 바로 남성적 고정관념의 응시가 여성의 이미지를 지켜보는 장소이기 때문이며, 세상의 모든 여자들에게 정체성을 강제하는 권력의 관음증의 자리이기 때문이다. 그런 의미에서 우리 모두는 텔레비전의 내부에 존재하며, 화면 바깥은 언제나 텅 빈 자리라고 할 수 있다. 우리는 서로가

서로를 비추는 끝없는 거울의 반복적 반영들 속에 있으며, 그 바깥의 영역은 타자의 권력의 영역이다. 그곳에 응시가 있다. 그래서 그곳을 보는 것은 금지된 욕망, 안티고네의 욕망과 동일한 숙명을 초래할 것이다.

미국의 현대 미술가 신디 셔먼의 사진 작업은 바로 이와 같은 응시와의 대결을 주제로 한다. 그녀는 매스미디어가 여성의 이미지를 다루는 방식에 주목하고 스스로 그러한 이미지 속에 등장하는 여성으로 분장하여 자신을 촬영한다. 셔먼은 미국의 여성 잡지나 영화 또는 텔레비전 드라마에 등장하는 여성들의 전형적 포즈와 옷차림 그리고 얼굴 표정에 이르기까지 모든 것을 흉내 낸다. 특히 작품에서 우리가 관심을 가져야 하는 부분은 여자의 시선이다. 그녀의 시선은 누군가 자신을 바라보는 응시를 짐짓 모른 체하는 뉘앙스를 풍긴다. 여기서 셔먼 자신의 분장한 이미지가 모른 체하는 것은 바로 남자의 시선, 혹은 남성적 응시의 매개체로서의 여성 관람자들의 시선이다. 이미지 속의 여자는 자신의 육체가 남성들의 시선에 의해 관찰당하고 있다는 사실을 모른 체한다. 혹은, 그와 같은 무지 속에서 남성들의 욕망의 질서 속에 종속되는 마조히즘적 쾌락을 즐긴다. 이것은 여성의 이미지 일반이 쾌락을 생산하는 방식이다. 여자들은 남자들의 시선을 유지시키기 위해서 그것을 모른 체한다. 남자의 응시가 지속되기 위해서는 남성적 욕망의 관음증이 폭로되어서는 안 되기 때문이다. 셔먼 역시 동일한 욕망의 구조를 작품 속에서 재현하고 있다. 그러나 우리가 작품에 대한 진지한 관찰 속에서 도달하게 되는 인식의 장소는 뜻밖의 공간이다. 셔먼이 자신의 身제를 남성석 응시에 대한 볼거리로 제시하면서 숨겨두었던 마지막 카드가 공개되는 순간, 응시의 대리인으로서의 관객의 시선은 당혹감에 빠질 것이다. 〈무제 필름 스틸 #6〉에서 셔먼의 왼손을 자세히 보기 바란다. 무언가를 움켜쥐고 있는 것이 관찰된다. 이어서 오른쪽 겨드랑이를 통해 검은 줄 하나가 다시 관찰 될 것이다. 이것은 과거 수동 카메라 시절에 셀프 사진을 찍기 위한 공기 압력 셔터 줄의 일부분이다. 셔먼의 왼손이 은밀하게 쥐고 있는 의심스런 물건이 바로 셀카의 셔터였다. 셔먼의 다른 많은 작품 속에서도 동일한 속임수가 발견된다(〈무제 필름 스틸 #11〉).

그녀는 어째서 다른 누군가에게 셔터를 누르게 하는 쉬운 해결책 대신 스스로 셀카를 찍는 번거로움을 자처한 것일까? 그것은 자신을, 또는 여성의 거울 이미지를 응시하는 타자의 권력에 완전히 종속되지 않는 어떤 것을 남겨놓으려는 시도는 아닐까? 혹은, 보다 대담한 해석을 시도한다면, 그녀는 자신이 응시되는 시간을 스스로 결정함으로써, 타자의 응시를 포획하는 데 성공했던 것은 아닐까? 그런 방식으로 남성적 응시는 이미지 속으로 들어와 포착되고, 폭로된다. 고정관념의 지배와 권력의 응시는 그것이 지배하는 대상, 즉 여성들의 이미지 속에 너무도 깊게 스며들어 있어서 고도의 기술과 집중력 속에서만 추출될 수 있다.

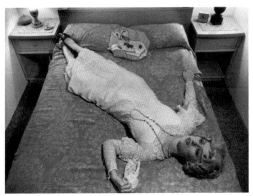

신디 셔먼, 〈무제 필름 스틸 #6 Untitled Film Still #6〉(1977)
〈무제 필름 스틸 #11 Untitled Film Still #11〉(1978)

셔먼이 시선과 응시의 정교한 분리 게임 속에서 추출해내려고 했던 것이 바로 그와 같은 타자의 응시이다. 그녀는 그녀 자신을 그녀 자신이세 만든 남성적 욕망의 응시를 자신의 이미지로부터 분리해낸다.

그렇다고 그녀의 작품이 언제나 사진기의 셔터를 쥐고 있는 것은 아니다. 그녀의 다른 많은 사진들은 타자의 남성적 응시를 이미지 속에 끌고 들어오는 것으로 만족한다. 거울 보는 반라의 여자, 또는 침실의 내밀한 공간 속에서 생각에 잠긴 여자의 시선은 아무도 자신을 보고 있지 않다는 알리바이 속에서 그 어느 누구도 아닌 남자, 즉 보편적 남성 권력의 시선을 끌어들인다. 마치, "자! 지금 여기에는 아무도 없으니, 이제 당신은 나를 마음껏 관찰할 수 있어요"라고 말하는 이미지의 덫이 관음증자의 응시를 끌어들이고 있다. 그러나 셔먼은 또한 아주 가끔씩 도발을 하기도 했다. 〈무제 필름 스틸 #62〉에서 그녀는 카메라의 정면을 본다. 그러나 그녀 저편의 조명이 관람자 또는 응시하는 자의 눈을 잠시 멀게 한다. 따라서 그녀는 카메라의 바깥을 볼 수 있으나 응시는 그녀를 볼 수 없는 역전된 관계가 일시적으로 형성된다. 혹은, 그녀가 정말 거울의 환영적 세계 바깥을 보고 있는지 확신할 수 없는 모호한 여자의 욕망이 표현된다. 이 역전된 관계 속에서 비로소 그녀는 거울을 바라보는 한 여자의 텅 빈 자리를 다시 차지하게 될 것이다. 자리의 되찾음은 그렇게 아주 일시적으로만 일어나지만, 그것은 주체성의 결정적 경험이 된다.

신디 셔먼, 〈무제 필름 스틸 #2Untitled Film Still #2〉(1977)
〈무제 필름 스틸 #33Untitled Film Still #33〉(1979)
〈무제 필름 스틸 #62Untitled Film Still #62〉(1977)

안티고네의
섬광

이제 우리의 안티고네에 관하여 이야기해보자. 남성적 질서의 포악함에 대항하고, 그것의 응시를 마주 보았던 여자 안티고네! 위반에 대한 욕망의 가족사 속에서 유일하게 위반의 지식에 접근했던 안티고네! 오직 그녀만이 비극의 시작부터 결말을 알고 있었다. 그녀는 알면서도 위반을 행했던 드라마의 유일한 주인공이다. 그녀는 유일하게 속지 않았던 욕망의 형상이다. 우리는 그녀가 오이디푸스 왕의 딸인 동시에 누이라는 사실을 잊지 말아야 한다. 그녀를 낳아준 어머니 이오카스테는 오이디푸스의 아내이자 어머니였기 때문이다. 그리고 안티고네는 영광스러운 장례의식 속에서 매장된 오라버니 에테오클레스를 선택하지 않았다. 그녀는 국가의 역적으로 낙인 찍혀 들판에 버려진 또 다른 오라버니 폴뤼네이케스의 시체를 택한다. 왜냐하면, 폴뤼네이케스는 안티고네의 아버지이자 오라버니인 오이디푸스의 반복이기 때문이다. 안티고네를 사로잡고 놓아주지 않는 것은 바로 오이디푸스로 상징되는 위반에 대한 욕망이었다.

라깡은 『세미나 7』에서 크레온과 안티고네의 욕망의 차이를 이렇게 묘사한다. 크레온은 법에 대한 집착 속에서 오히려 법의 초과를 경험하고 두려워하는 인물이다. 크레온이 에테오클레스를 매장하고 폴뤼네이케스의 시체를 들판에 버린 것은 적법한 조치였다. 영웅과 반역자를 동일하게 취급할 수는 없기 때문이다. 크레온은 국가라는 공동체를 유지하기 위해서 필요한 것은 예외 없는 보편적 질서라는 사실을 끊임없이 강조한다. 그러나 바로 이 예외 없는 보편적 법에 대한 강박이 크레온 자신의 몰락을 초래하게 되는 것이다. 국가를 지탱하기 위해 선택된 법의 일관성에 의해 국가의 몰락이 초래된다. 크레온은 바로 이러한 질서에 대한 욕망과 초과의 흐름 속에서 철저하게 소외된 인물로 그려진다. 그는 진정으로 무슨 일이 일어나고 있는지 알지 못하는 무지 속에 있다. 그러나 안티고네는 처음부터 모든 것을 알고 있다. 자신의 욕망이 죽음을 초래할 것이라는 사실. 이것은 오이디푸스 왕의 욕망과도 구별되는 것이다.

오이디푸스 역시 무지로부터 시작하여 자신의 욕망이 어떤 것이었는지 결말에 가서야 알게 되는 인물이다. 만일 오이디푸스 왕의 위반에 대한 욕망이 사회적 금지와 한계 너머를 욕망하는 인간의 가능성으로 은유될 수 있다면, 그는 자신의 욕망을 알지 못하면서 그것을 추구함으로써 실패할 운명이다. 오이디푸스는 고정관념의 한계를 넘어선 인물이지만, 동시에 그는 단지 넘어선 그곳에 멈춰 선 채로 두려움에 떠는 인물이기도 하다. 그는 한계 너머를 결코 소망하지 않았기 때문이다. 그를 한계 너머로 내던진 것은 신탁에 대한 맹신(법의 한계 내부에 대한 욕망)이었을 뿐이다. 그러나 안티고네는 처음부터 한계 너머를 욕망하는 인물로 그려진다. 그녀는 남성들의 법과 질서가 보잘것없는 유토피아적 환상이라는 사실을 잘 알고 있다. 그녀는 지식과 고 성관념의 체계가 자신의 욕망을 결코 가로막을 수 없다는 사실을 잘 알고 있다. 그래서 그녀가 의존하는 유일한 매개체는 지식이 아닌 욕망에 대한 확신뿐이다. 폴뤼네이케스의 시체에 내려진 형벌의 타당성과 합리성을 말하는 크레온의 논증에 대해 "아무튼!"이라고 말하는 안티고네의 대답이 그것을 상징한다. 그녀는 "아무튼 하데스는 그런 의식을 요구해요"라고 말하면서 자신의 욕망을 설명하려 하지 않는다. 현존하는 지식과 논리의 체계를 벗어난 욕망은 자신을 설명할 현재의 합리적 언어를 갖지 못하기 때문이다. 그러한 언어는 오직 도래할 언어이며, 안티고네라는 사건을 위해 누군가가 창안해내야 할 언어이다. 그것은 바디우의 표현대로 "식별 불가능할" 뿐이며, 따라서 "결정 불가능한" 대상이다. 안티고네의 행위는 국가의 입장에서는 용인(재현시)될 수 없는 개인의 탈선이다. 그것은 한 여자의 일탈의 에피소드이며, 그래서 크레온이 말하듯 "한낱 계집에게 져서는 안 되는" 일이다. "계집에게 졌다는 말을 듣느니", 또 다른 법과 질서를 상징하는 "남자에게 지는 편이 나을 것이다"(「안티고네」, 천병희 옮김). 그리고 바로 이러한 계집의 욕망이 국가의 몰락을 초래한다. 남성적 법과 질서와 지식의 체계의 몰락. 라깡이 '안티고네의 섬광éclat d'Antigone'이라고 부르는 번뜩임은 바로 이렇게 남성적 환영의 질서를 횡단하는 여성의 욕망이 마침내 공백의 가장자리에 도달하여 뿜어내는 주체성의 섬광이다. 바로 이곳, 공백의 접점에서 비로소 새로운 세계가 출현한다. '난공불락'의 안티고네의 욕망이 버티고 선 고독과 허무의 가장자리인 공백의 연안에서 말이다. 라깡이 '엑스니힐로ex-nihilo'라는 용어로 표현하는 창조의 순간, 바로 그곳에서 새로운 정체성이 구성될 것이며, 새로운 욕망이 출현할 것이다.

우리 시대의 안티고네는 누구인가

만일 이것이 소포클레스의 안티고네였다면, 우리 시대의 안티고네는 누구인가? 달리 질문하면, 우리 시대를 변화시킬 욕망의 자리는 어디인가? 필자에게 그곳의 이미지는 너무도 선명하다. 한국이라는 공동체를 변화시킬 새로운 욕망의 자리는 여성의 자리이며, 그것도 철저하게 여성적인 자리이다. 미혼모들, 이주 여성들 또는 불법체류 이주 여성들의 자리. 한국의 남성적 권위주의를 몰락시킬 엑스니힐로, 무로부터의 창조의 자리. 이것은 페미니즘이 결코 아니다. 남성과 여성을 생물학적 조건 속에서 두 개의 부분으로 나누는 상식과 고정관념의 틀을 거부하기 때문이다. 우리가 여기서 말하는 것은 '여성적' 욕망이지 '여성의' 욕망이 아니기 때문이다.

여성의 욕망은 언제나 '남성적' 욕망에 사로잡혀 있으며, 그런 의미에서 우리는 언제나 남자이다. 우리가 여자가 되는 순간은 여성적 욕망이라는 안티고네의 유령이 불현듯 찾아드는 순간일 뿐이다. 그리고 안티고네의 유령이 찾아들 수 있는 가장 비옥한 하데스의 토양이 바로 미혼모들과 이주 여성들의 배제된 공간, 크레온의 법이 차별의 잔혹한 형상을 드러내는 바로 그곳이다. 그곳에서 만일 그녀들이 더 이상 텔레비전 드라마 속의 거울 이미지에 자신을 동일시하기를 포기한다면, 절망의 형식으로 그렇게 한다면, 그녀들은 문득 텔레비전 속에서 자신들을 지켜보는 하나의 시선과 만나게 된다. 그것은 바로 그녀 자신들의 시선이다.

드라마의 유령은 그런 방식으로 출현한다. 우리의 욕망을 재단하고 우회시키는 방식으로 정화하려 했던 드라마의 비누 기능이 정지하는 순간 출현하는 유령. 그것은 여성들의 욕망에서 결코 씻겨 나갈 수 없었던 하나의 잔여물로부터, 찌꺼기로부터 비롯된 유령이다. 그것은 욕망하지 말아야 할 것을 욕망하는 위반의 욕망이며, 필자는 이것을 존재에 대한 욕망이라고 부르고 싶다. 그녀들에게 강요된 (유사)욕망의 화려한 리스트에 포함되지 않는 욕망은, 우리 사회가 그녀들을 규정하는 방식을 벗어나는 욕망이다. 그것은 화려하지도 영광스럽지도 않은 욕망, 단지 그녀들도 다른 자들과 똑같은 인간임을 주장하는 욕망이다. 남성적 법과 질서가 부여한 방식대로의 모습이 아니라, 그저 한 인간으로서, 그리하여 미래에로 개방된 가능성의 방식으로 존재하려는 욕망. 그것이 우리 시대의 안티고네의 욕망이며, '나 역시 인간'임을 요구하는 욕망이다. 미혼모라는, 이주 여성이라는, 때로는 불법체류자라는 부분집합의 범주에 속하기 이전에 공동체에 귀속될 보편적 권리를 주장하는 욕망. 그것은 존재에의 권리이며 공동체에 차별 없이 귀속될 권리에 대한 욕망이다.

바디우가 공동체에 대한 귀속만을 '현시presentation'의 가장 근본적 원리로 인정하는 이유가 여기에 있다. 남성적이며 국가적인 재현의 질서가 기껏해야 기존의 것들을 보수 유지하는 것에 만족할 때에, 안티고네의 욕망은 인간으로서의 가장 보편적인 권리만을 주장하는 극단적 평범함 속에서 국가 전체의 고정관념을 위협한다. 사회적 관습과 규범에 이르는 모든 것을 남성적 법으로 간주할 경우, 그것을 벗어나는 모든 존재는 불법체류의 지위 속에 있게 되는데, 그러나 불법 인간이란 존재할 수 없다. 혹은, 존재에 대한 가장 기본적 권리 주장이 불법으로 간주되는 사회에서는 바로 이 불법적 욕망에의 집착이 세계를 변화시키는 사건으로 기능할 것이다. 이것이 우리가 '진보'라고 부르는 역사의 형상을 설명할 수 있는 유일한 방법이다. 안티고네의 동어 반복적 대사가 원했던 것 역시 바로 그것이었다. "크레온 당신이 무슨 말을 하든… 내 오라버니는 내 오라버니입니다." 그렇다! 우리 사회의 고정관념이 무슨 말을 하든, 그녀는 미혼모이기 이전에, 이주 여성이기 이전에, 불법체류자이기 이전에, 그녀는 그

녀다. 그녀의 미래를 결정할 자유를 침범당하지 않을 권리가 그
녀에게 있다.

4장

아름다움이 선보다 멀리 간다

매혹

내가 '매혹'이라는 단어를 처음 만난 것은 고등학교 시절 『세계의 문학』에 게재된 르 클레지오의 「매혹」이라는 단편을 통해서였다. 계간지였던 『세계의 문학』은 그 외에도 「시간은 흐르지 않는다」, 「물질적 황홀」 등 르 클레지오의 다른 단편과 에세이를 소개하고 있었다. 이후 『조서』라는 그의 장편소설을 읽게 된 것 역시 「매혹」이라는 작품에 끌렸기 때문이다.

당시 나는 화가가 되고 싶었고, 세상의 어떤 종류의 이미지에 매혹당해 있었다. 그것의 효과는 너무도 강력해서, 내 십대를 일종의 마취 상태로 만들어놓았다. 그것은 아름다움에 관한 것이었지만, 일반적인 것은 아니었다. 십대의 감정이 대개 그렇듯 모두가 찬미하는 아름다움 따위에는 진실함이 없어 보였다. 이후의 내 삶이 아름다움에 대한 이러한 '반항적 가설'을 논증하는 데 고스란히 바쳐질 것이라는 사실을 아직 알지 못한 채로, 처음엔 그저 매혹만 있었다. 보편적인 것을 갉아먹는 균열의 반짝임. 영원할 것 같았던 건축물을 붕괴시키게 될 주춧돌의 이끼를 키우는 아침 이슬의 투명함. 부패된 음식을 덮는 곰팡이의 눈이 멀 것 같은 푸르름. 그런 것들이다. 낭연한 이야기지만, 에곤 실레의 화집을 처음 보았을 때, 내가 말하고자 했던 모든 것이 거기에 있다는 사실을 알아보고 기분이 얼떨떨했다. 화실 친구의 집, 화가였던 그의 누이의 작업실에 꽂혀 있던 화집의 이미지들은 분명 죽음과 부패에 관련된 아름다움이었다. 소멸하기 직전의 타락한 이미지들. 혹은, 퇴락 자체의 아름다움에 관한 권리 주장과 같은… 매혹. 그것은 파멸에 관련된 매혹이었고, 아버지의 법으로부터 비롯된 거세에 굴복한 욕망이 마지막으로 모든 것을 걸고 부르는 한 곡의 이상한 노래였다. 부패하는 것들과 아름다움의 금지된 결탁을 성사시키려는 절망적인 시도가 에곤 실레의 작품 속에 있었다.

그러나 아직은 아니었다. 처음에는 그저 이미지만 있었고, 느낌만 있었다. 나는 아직 그게 무엇인지 모르면서 매혹당한 채였고, 분명 다른 것을 욕망할 수도 있었다. 마치 오이디푸스 왕이 선왕을 죽인 자가 누구인지 질문하지 않았을 수도 있다는 가정처럼, 그리하여 왕국을 몰락시키는 진리를 피해 갈 수도 있었을 것이라는… 다른 길에 대한 가능성이, 맥 빠진 가설이 존재할 수는 있다.

그러나 인생은 백지 위에 그려진 한 편의 그림이고, 그림 속에서

미셸 블라지가 2007년 파리 팔레 드 도쿄Palais de Tokyo에서 'Post Patman'이라는
제목으로 전시했던 설치 작업의 일부로서 썩은 고기로 장미를 재현했다.

우리가 보려고 하지 않았던 것은 그것의 화려한 색채가 백지를, 공백을, 허무를 감추고 있다는 사실이다. 만일 누군가 이미지가 아닌 그 너머, 풍성이 소멸하는 딩 빈 공긴에 메흑딩했디면, 그의 인생은 백지를 위해 바쳐질 것이다. 공백의 텅 빈 진공 상태를 떠도는 먼지의 아름다움에 매혹당한 자는 오직 그것만을 사랑하게 된다. 마치 거식증 환자가 공백을 먹는 의식에 사로잡히듯, 텅 비어 있음의 아름다움에 사로잡힌 영혼은 세상의 가벼움, 그 "참을 수 없는 존재의 가벼움"에 모든 것을 바친다. 왜냐하면, 존재의 가장 진실한 모습은 비어 있음, 즉 가벼움이기 때문이다. 그곳을 채우는 모든 것은 비존재이며, 난립하는 가설들이며, 궤변일 뿐이다. 결국 공백에 매혹당한 자는 진리에 매혹당한 셈이다.

열일곱 살의 소년을 사로잡은 그것, 도무지 무엇에 매혹당했는지도 모른 채 사로잡혔던 그것을 아주 긴 여행 끝에 이해하게 되는 (거의 30년이 걸린) 과정은, 존재에 관한 바로 이러한 비밀을 밝혀내는 여정이었을 뿐이다. 존재는 비어 있으며, 그러한 텅 빔에 도달하지 않고서는 무엇도 다시 시작될 수 없을 것이라는 진리. 가장 진실한 매혹은 그런 것이다. 도무지 매혹당할 수 없을 것만 같았던 것에의 매혹. 쾌락원칙-현실원칙의 한계 바깥으로 끌어당겨지는 파괴적 욕망. 만일 파괴라는 단어가 너무 부정적으로 보인다면, 라깡을 따라서 '횡단'이라는 단어를 써도 좋다. 모든 세계의 풍경이 뽐내는 이미지의 화려함들을 단숨에 횡단하도록 만드는 텅 빈 것의 매혹. 그것은 유령의 매혹이다. 세상으로부터 시민권을 박탈당한 유령의 불법체류가 자신을 배제한 세상을 오히려 한여름 밤의 꿈처럼 뒤바꿔버리는 마술적 환멸의 매혹. 세계의 막강한 지식 체계에 대항하는 텅 빈 것에 관한 지식이, 공백의 (비)지식이 우리에게 알려주는 것이 바로 그것이다. 비울 수 없는 자는 채울 수도 없다는, 창조에 관한 절대적 명제. 이것은 역사의 흐름을 바꾸었던 천재들에 관한 이론이 결코 아니다. 이것은 바로 우리 자신의 너무도 평범한 삶의 너무도 비범한 진리이다. 자신의 정체성을 채우는 의미의 난립과 일자의 환영을 비워낼 수 없는 자는 결코 자기 자신이 될 수 없을 것이라는 진리. 결국, 스스로의 존재에 관련된 사유의 몰락을 받아들이지 않는다면 사유를 시작조차 할 수 없다.

사유를 몰락시키는
이미지

주어진 모든 것은 일자-지식의 권력에 지배된다. 이런 표현이 너무 사변적이라면 이렇게 말해보자. 삶에서 새로운 것은 전혀 없다고. 따라서 우리의 인생은 고정관념을 흉내 낼 뿐이라고. 그런데 고정관념의 힘은 너무도 강력해서 그것을 벗어나기란 거의 불가능에 가깝다고 말이다. 사람들은 말한다. 당신의 능력은 여기까지라고. 당신의 스펙은 당신의 한계를 규정한다고. 당신의 존재는 우리가 낭신에 관하여 알고 있는 지식에 의해 한정된다고 말이다. 물론 나에 대한 세계의 이 같은 지식에 가장 먼저 동의하는 것이 나 자신이라는 사실을 잊지 말자. 타자의 지식이 강제하는 힘에 굴복함으로써만 나의 정체성은 획득될 수 있기 때문이다. 그리하여 나는 내가 누구인지 알아볼 수 있게 되고, 세계 속의 나의 자리가 어디인지도 확인된다. 그러나 이처럼 배정된 나의 자리가 불현듯 감옥처럼 느껴질 때가 있다. 편안했던 그곳이 좌불안석이 되는 순간, 나에 관한 예정된 운명이 모욕처럼 느껴지는 순간이 있다. 유령의 매혹이 우리를 사로잡는 순간, 불온한 생각이 마음을 흔드는 순간, 나는 문득 세상의 선명함을 비웃고 있는 나의 시선을 알아보고 당황한다. 세상의 사유를 몰락시킬지도 모르는 모호한 감정에 매료되어 흔들리는 내 마음, 내 얼굴, 내 시선. 그 순간 나의 시선은 세상을 보지 않는다. 나의 시선은 지금 세상에 없는 것을, 금지된 어떤 것을 '응시'한다. 정확히 말해서, 응시는 없음을 본다. 더 정확히 말해서, 없음을 보도록 유도된다. 그렇게 나의 시선을 허무에 대한 응시로 유도하는, 그것이 유령의 매혹이다.

라깡을 따라서 진정한 욕망이란 금지된 것 너머를 욕망함이라고 정의해야 한다면 나는 차라리 매혹이라는 단어를 선택하고 싶다. 욕망함이라는 용어에는 자아의 의지에 관한 뉘앙스가 여전히 남아 있기 때문이다. 그러나 어떤 욕망도 그것이 금지된 것에 관한 것이며 세상의 몰락을 초래할 수도 있을 위협적인 것이라면, 자아의 것은 아니다. 사유의 몰락을 초래하는 위반에 관한 욕망은 자아의 바깥으로부터 온다. 우리가 할 수 있는 유일한 것은 우연 속에서 자아의 사유를 정지시키는 매혹적인 그것과 만나는 것뿐이며, 그것에 매혹'당하는' 것뿐이다. 내가 나의 정체성과 관련된 지식으로부터 빠져나가는 유일한 가능성은 "나는 욕망한다"라는 문장의 주체적 관점이 아니라 "나는 매혹당한다"라는 문장의 수동적 관점 속에서이다. 역설적이게도, 나 자신의 주체적 삶에 관한 가능성은 그렇게 수동적 위치로부터 시작된다.

나의 예정된 운명이 모욕처럼 느껴지도록 만든 것은 바로 그러한 매혹당함으로부터였다. 내가 생각했고, 믿었던 세계의 견고함이 아름다움 속에서 몰락하는 이미지의 매혹. 그렇다면, 세계의 사유를 몰락시키는 매혹의 이미지는 어떤 것인가? 자아의 사이비 주관성을 중단시키는 유령적 매혹이란 무엇인가? 그것은 분명 특별한 아름다움과 관련된다. 매혹이란 언제나 아름다운 것에의 매혹이므로, 만일 우리가 사유의 몰락을 사유하려고 한다면, 매혹의 특별한 아름다움이 가진 힘을 밝혀야 한다.

아름다움은 상실을
은폐한다

보편적 아름다움에 관해서라면, 더 이상 할 말이 없다. 그럴 가치가 있을까? 아름다운 여인과 풍경에 관해서라면, 조화로운 색과 형상들의 조합에 관해서라면, 미술관에 가는 대신 텔레비전 광고 이미지를 보는 것으로 충분하다. 그곳에 보편적 아름다움에 관한 모든 것이 있으며, 인류가 시각적 쾌락에 관하여 사유할 수 있는 가장 발달된 표현들이 있다. 고대 그리스인들이 이미지를 질서에 종속시키는 기술을 완성한 이후로 보편적 아름다움에 관한 역사는 인류의 시각적 세계를 지배해왔다. 20세기의 자본주의는 바로 이러한 고전주의 미학과 결합하여 세계의 아름다움을 유한성 내부로 한계 짓는 작업을 완성하지 않았던가? 그런 의미에서 우리 시대의 미켈란젤로는 CF 감독들이다. 모두에게 소비될 수 있는 아름다움의 생산자들. 초당 수억 원이 투자되는 고전주의 미학 이미지들의 융단폭격이 우리의 시각장을 보편적 아름다움의 경연장으로 만든 지 오래다. 이곳에서 더욱 자극적인 소재로, 더욱 참신한 조합으로 경연을 벌이는 이미지들이 추구하는 것은 단 하나이다. 가능하면 모두를 기쁘게 할 것. 달리 말해, 철저히 소비될 것. 그리하여, 모두가 소비하며 소비되도록 할 것. 서로를 소비하는 이곳에서 아름다움에 부여된 역할은 초과하려는 욕망을 사로잡아 가두는 것이다. 상품 논리로

가로막힌 세계의 한계를 넘어서려는 어떠한 시도도 억압당하고 통제될 것이다. 이곳에서 우리는 아름다움이 현실원칙에 지배될 때 만들어질 수 있는 모든 종류의 쾌락을 본다.

보편적 아름다움에 관한 이 같은 성찰은 어느 여성 우울증자의 사례를 떠올리게 한다. 라깡은『세미나 7』에서 멜라니 클라인의 논문에 등장하는 사례 하나를 언급한다.[12] 우울증에 걸린 여자의 집에는 그림들이 여러 점 걸려 있는 방이 하나 있었다. 남편의 남동생은 화가였고, 그림들은 그의 작품이었다. 어느 날 남편의 동생은 벽에 걸린 그림 중 하나를 팔게 된다. 벽에는 빈자리가 남겨졌는데, 한동안 진정기에 접어들었던 여자의 우울증이 재발한 것은 바로 그 즈음이다. 여자는 그림이 걸렸던 벽의 빈 공간을 참을 수 없어 했다. 텅 빈 벽의 허무가 여자를 사로잡고 놓아주지 않았기 때문이다. '빈 벽 증후군'이라고도 불리는 이 미스터리한 심리적 반응의 사례는 상당히 많은 우울증자들에게서 발견되는 증상이다. 그런데, 텅 빈 벽을 참을 수 없어 하는 환자들의 이 같은 불안 심리는 이미지가 가진 본질을 엿볼 수 있게 해준다. 그림이 사라진 빈 벽의 공허를 견딜 수 없었던 여성 우울증자는 남편의 동생이 그림을 그리던 것과 동일한 물감의 조합으로 구성된 팔레트를 구입했고, 고군분투 끝에 동생이 팔아버린 그림과 흡사한 그림 한 점을 완성하여 벽의 빈 공간을 채웠다. 그러자 거짓말처럼 우울증 발작이 진정됐다. 새롭게 그려진 그림은 어찌나 완벽한 솜씨로 그려졌던지, 그것을 본 남편

---

12 멜라니 클라인이 카린 미카일리스라는 분석가의 사례를 소개한 논문에 대한 재언급.

의 동생이 그녀의 작품으로 끝끝내 인정하지 않으려 했을 정도였다. 그녀는 사라진 한 조각의 이미지를 보편적 아름다움의 수준으로 장식하려 했고, 그것이 그녀의 우울증을 진정시키는 효과를 가져왔던 것이다.

여인의 사례가 우리에게 밝혀주는 것은 아름다움의 기원에 관한 지식이다. 인류가 미술이라는 행위를 통해서 보편적 아름다움의 질서를 창조해내려고 했던 모든 시도의 이면에는 세계의 공허에 대한 불안이 존재한다. 시각적인 장에서의 아름다움이란 그렇게 세계의 균열을, 허무를, 실패를 감추려는 시도 속에서 출현한다. 어린아이가 그림을 그리는 순간을 떠올려보아도 좋다. 아이는 서툰 이미지들을 만들어내면서 무엇을 하는가? 어머니와 아버지 그리고 자신을 그림의 중앙에 큼지막하게 그려 넣는 아이는 세계의 이미지를 현실원칙의 질서 속에서 완성해낸다. 자신이 좋아하는 사람들을 가능하면 화려하게 묘사하려는 아이의 시도 속에는 자신이 상실한 것에 대한 망각의 시도가 있다. 아이가 상실한 것은 어머니이다. 어머니와 누렸던 유토피아적 세계의 기억은 이미지를 필요치 않는 장소였다. 그곳은 그 자체로 완벽한 공간이며, 어머니와 자신을 둘로 분리시켜 표현할 이유가 없는 향유의 장소였다(고 기억한다). 인간은 자신이 상실했다고 믿는 바로 이 원초적 이미지의 누락을 가리기 위해 다른 이미지들을 불러온다. 늠름한 아버지의 모습과 조금은 대충 그려진 동생과 친구의 모습들이 그것이다. 아이는 때로 그림 속에서 동생이나 친구에 대한 증오를 표현하기도 한다. 아주 작은 모습으로 구석에 그려 넣어지거나 아예 삭제되어버리는 형제의 이미지들은 그들에 대한 아이의 현실적 반감을 표현하는 것인 동시에, 어머니의 상실에 대한 근본적 반감을 다른 것에 대한 미움으로 대체하려는 시도이다. 나이가 들면서 꼬마 화가는 세상을 더욱 아름답게 묘사하기 위해서는 더욱 많은 사람들을 기쁘게 하는 방식으로 그려야 한다는 사실을 배운다. 동시에 더욱 많은 사람이 기뻐하는 그림이 자신에게도 아름답게 보인다는 사실을 배운다. 그렇게 함으로써 아이는 진정한 화가가 된다. 자신이 상실한 이미지를 대체하는 데 가장 효과적인 것은 보편적 아름다움이라는 사실에 익숙해지는 것인데, 여기서 모두를 기쁘게 한다는 말의 의미는 정신분석이 말하는 대타자를 기쁘게 한다는 말에 다름 아니다.

같은 이야기를 뒤집어 말할 수도 있다. 화가를 그림 그리게 하는 가장 원초적인 동기는 그가 상실한 이미지에 매료되었기 때문이라고 말이다. 화가는 결코 기쁨 속에서 이미지를 그리지 않는다. 화가는 세계의 풍경이 주는 슬픔 때문에 그림을 그리려는 욕망을 갖는다. 세계의 풍경이 슬픈 이유는, 그곳에 무엇인가 아주 중요한 것이 결여되어 있기 때문이다. 세계의 풍경은 지금 우리에게 보여주는 것 말고 다른 무엇을 가지고 있었다. 화가는 바로 그렇게 누락된 하나의 이미지-퍼즐이 다른 모든 이미지의 아름다움을 지탱하고 있다는 사실을 직감하는 사람들이다. 그들은 바로 그 마지막 퍼즐의 이미지를 그리려고 고군분투한다. 그러나 화가의 시도는 언제나 실패할 운명 속에 있다. 왜냐하면 누락된 이미지는 결코 그려질 수 없는 상실의 흔적, 또는 텅 빈 공백이기 때문이다. 그런 의미에서 빈 공간 증후군은 화가들의 병이다. 화가들은 세계의 풍경 속에 결여가 존재한다는 사실에 가장 민감하게 반응하는 우울증자들이며, 그들은 자신들의 우울의 원인인 결여의 빈자리를 이미지로 은폐하려는 시도 속에서 아름다움을 창조해낸다. 화가들이 이미지를 공들여 세공하는 근본적인 이유는 세계의 허무를 마주 보는 것을 피하려는 욕망 때문이다. 따라서 이미지가 가진 아름다움의 보편성이란 상징계의 흔적이며 아버지의 법이 보장하는 시각적 쾌락의 한계를 명시하는 지표이다. 그림은 바로 그러한 논리 속에서 완성된다. "자! 이것이 완성된 퍼즐이며, 더 이상의 누락은 없다"라는 선언. 고전주의 미술의 미학은 이렇게 이미지가 갈 수 있는 가장 먼 장소를 가정한다. 이미지가 더 이상 완전할 수 없는 최종적인 완성의 장소. 그러한 이미지의 바로 다음 영역은 물론 플라톤이 말하는 '최고선'의 영역이다. 그런 의미에서 이미지의 아름다움은 최고선을 담기 위한 가장 아름다운 항아리의 역할을 한다.

---

13 프랑스 혁명의 열렬한 지지자였고 고전주의-계몽주의자였던 다비드가 살해당한 친구 마라의 죽음의 이미지를 통해 그려내려 했던 것이 바로 의미에 종속된 아름다움이다. 텅 빈 벽을 배경으로 단출하게 그려진 마라의 신체는 공백을 지배하는 질서의 출현을 의미한다. 선명한 선과 명암으로 묘사되는 형상의 조화는 마라의 죽음이라는 사건이 갖는 의미에 의해 고정된다. 그의 죽음은 무의미하지 않았다! 이미지들 속에는 어떠한 초과도 관찰되지 않는다. 미Beauty는 선Good에 의해 완벽하게 통제되고 있다. 배경의 허무는 의미에 종속된 이미지로 완벽하게 봉합된다. 마치 세계의 혼돈이 혁명 정신으로 봉합되듯이. 그런 의미에서 고전주의의 창조는 엑스니힐로ex-nihilo가 아닌 카운터니힐로counter-nihilo이다. 무로부터의 출현이 아닌, 무를 억압하는 질서. 카오스를 배제하는 코스모스.

자크-루이 다비드, 〈마라의 죽음La Mort de Marat〉(1793)[13]

의미를 담는
항아리

플라톤은 '선^{Good}'과 '미^{Beauty}'의 역할이 뒤바뀔 때에 일어날 수 있는 위험성을 직감한 가장 최초의 '미학자'였다. 그는 시인들의 시가 최고선을 담는 항아리의 역할을 하지 않고 독자적으로 난립할 때에 일어날 수 있는 재앙을 경고했다. 그 재앙이란, 최고선을 붕괴시키는 아름다움의 출현이며, 의미가 증발된 타락한 아름다움의 지배이다. 그래서 고전주의 미학이 원하는 것은 언제나 의미에 복종하는 보편적 아름다움 혹은 로고스적 아름다움이다. 그들이 아름다움의 기준을 조화와 균형이라는 수학-언어적 지표를 통해 설정하려는 것 역시 이 때문이다.

기원전 4세기에 쓰인 『국가』에서 플라톤은 신들의 세계를 타락한 모습으로 묘사하는 시인들에게 (소크라테스의 목소리를 빌려) 말한다. "이런 까닭으로 이와 같은 설화들을 중지시켜야만 되는데, 그런 것들이 우리 젊은이들의 마음속에 사악함에 대한 심한 무신경을 생기게 하지 않을까 해서일세." 플라톤의 이러한 비판은 타당한 듯 보인다. 그가 비난하는 호메로스와 같은 시인들은 헬라스인들에게는 진리의 세계이기도 했던 '신들의 세계'를 욕정이 넘쳐나는 공간, 음모와 복수의 사악함이 넘쳐나는 욕망의 극장으로 그려내고 있었기 때문이다. 심지어 소포클레스는 「오이디푸스 왕」에서 인간이 저지를 수 있는 가장 치명적인 타락, 근친상간의 드라마를 그려내고 있지 않았던가. 이처럼 고대 그리스의 예술가들은 숭고의 미에 의존하여 악의 영역을 탐사하는 데 주저하지 않았다. 그리고 이러한 예술의 타락은 선에 관한 지식들을 유한하고 보잘것없는 것으로 조롱하게 만든다. 이 같은 세태를 경고하는 플라톤은 예술가들이 생산하는 타락의 이미지들이 결국 국가의 시스템 자체를 붕괴시킬 것이라고 말한다. 왜냐하면, "국법 가운데 중요한 것들이 바뀌는 일이 없이 시가의 양식들만 바뀌는 일은 결코 없기 때문"이다. (따라서) "시가에다 위병소를 지어야만 할 것 같네"라고 말하기에 이른다. 예술 작품에 대한 검열을 언급했던 분명 최초의 텍스트라고 할 수 있겠다. 여기서 플라톤의 진정한 통찰은 시가의 내용들이 말하는 타락만큼이나 위험한 것이 형식의 타락이라고 인식하는 데 있다. 그는 "사람들의 마음이 한결 쏠리는 노래는 어떤 노래건 가인한테서 가장 새로이 흘러나오는 것이죠"라고 말하는 『오디세이아』의 한 구절을 언급한 뒤에, 검증되지 않은 새로운 예술 형식, 즉 "새로운 형식의 시가로 바꾸는 것을 나라 전반에 걸쳐 위험을 초래하는 것으로 여기고서 조심해야" 한다고 경고한다. 플라톤이 간파한 것은 예술의 타락이 예술 자체의 영역을 넘어서 우리의 "성격과 관행에 조금씩 슬그머니 조용히 잠입해 들어올" 것이며, "이게 커져서 계약들 속으로 들어가고, 법률과 정체를 향해 옮겨 가 모든 것을 뒤집어엎기에 이를 것"이라는 사실이다.[14] 따라서 플라톤에게 예술의 보편적 아름다움은 최고선을

14 플라톤, 『국가』, 박종현 옮김

위해 봉사해야 하며, 만일 그렇지 않을 경우 국가와 세계의 질서는 자신이 은폐하려던 균열을 드러내며 위협받을 것이다. 그런 의미에서 19세기까지의 서구 미술은 아름다움을 고정관념 또는 이데올로기라고 할 수 있을 세계의 의미에 종속시키려는 노력 이외의 다른 것이 아니었다. 플라톤이 위병소를 세워 감시해야 한다고 말했던 경고는 2,300여 년간 효력을 발휘했던 셈이다. 예술가들은 위병소의 자발적 감시자 역할을 마다하지 않았고, 그런 식으로 예술의 아름다움은 타자의 지식을 표현하기 위한 수단의 역할을 떠맡는다.

만일 고전주의 미학이 의미에 종속된 보편적 아름다움으로 세계의 결여를 은폐하는 데 성공한다면, 세계는 완전하거나 가까운 미래에 완전하게 될 유사-유토피아로 묘사될 것이다. 보편적 아름다움이 갖는 정치성이 여기에 있다. 그것은 세계의 의미인 지식-체계의 위상을 드높이고, 그것의 절대적 지배를 받아들이도록 감정을 자극한다. 20세기에 출현한 파시즘 정권들이 고전주의 미학에 몰두했던 이유 역시 바로 여기에 있다. 그들에게 보편적 아름다움만큼 정치적 선동을 위해 효과적인 것은 없었기 때문이다. 의미와 결합된 아름다움은 세계를 상실되었던 대상이 되찾아지고 완성되는 공간으로 묘사하고 규정한다. 그런 의미에서 보편적 아름다움은 일자의 하나로 셈하는 기능의 권력을 보충한다. 특히 나치 미술이 그와 같은 보편적 아름다움의 완성을 지향했다. 그들은 건축에서 회화를 아우르는 시각 예술의

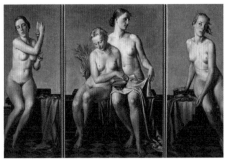

알베르트 슈페어의 건축/아돌프 지글러, 〈네 가지 요소Die Vier Elemente〉(1937)
둘 모두 나치의 대표 예술가였다.

오토 딕스, 〈두 아이Zwei Kinder Mit Sonnenblume〉(1921)
오토 딕스의 작품은 나치에 의해 퇴폐 미술전에 전시되고 탄압받았다.

모든 영역에서 조화와 질서의 이미지를 아리안 족의 순수 혈통이라는 상상적 의미와 연결시킴으로써 세계의 유토피아적 완결성을 묘사한다. 나들에게 이미지의 타락은 곧 의미의 타락으로 산주되었다. 나치가 표현주의를 비롯한 아방가르드 미술을 탄압했던 이유가 바로 그것이었다. 일그러진 형상은 의미의 퇴행, 또는 무의미의 유령의 출현을 야기할 수 있으므로 억압되어야 했다.

예술의 형식적 타락이 국가를 붕괴시킬 것이라는 플라톤의 경고를 나치 문명만큼 몸소 실천했던 사례를 발견하기는 힘들다. 여기서 플라톤이 말하는 형식적 타락이란 아름다움이 더 이상 선을 위해 복종하지 않는 경우이다. 우리는 이것을 다음과 같은 방식으로 해석할 수도 있다. 만일 화가의 욕망이 세계 속의 상실된 이미지의 마지막 퍼즐을 메꾸기 위해 아름다움의 이미지를 그려내는 것이라면 의미는 그러한 상실의 종료를 선언하는 최종적인 심급의 기능을 한다. 최고선은 모든 의미들의 수렴점으로서 아름다움이 이탈하는 것을 가로막는 고정점의 역할을 한다. 만일 그렇지 않을 경우, 의미로부터 해방된 아름다움은 오히려 상실 자체를 폭로하는 역효과를 불러올 수 있기 때문이다. 19세기 말의 상징주의 미술이 생산했던 이미지들은 바로 그러한 역효과의 전형을 보여준다. 단지 우울하기만 한 것이 아니라 매혹적으로 우울했던 세기에, 보들레르의 시를 비롯한 상징주의 미학이 우리에게 남겨준 것은 멜랑꼴리의 매혹이었다. 그것은 의미의 연쇄가 정지된 공간에서 화려한 언어의 유희와 이미지의 펼쳐짐이 공백의 유령을 불러내는 마술이었다.

멜랑꼴리, 우울증의 파국을
연기하는 기술

의미화의 기능이 현저히 퇴락한 상태는 우울증의 전형적 증상
이다. 사랑하는 사람의 죽음과 같은 상실의 계기로 인해서 우울
증자는 더 이상 사유하기를 거부하는 병에 걸린다. 그것은 사유
가 몰락하는 마음의 병이다. 그런데 사유가 몰락하게 되면 어떤
일이 벌어지는가? 생각이 정지되면 어떤 상태가 되는가? 수면
에 떠 있는 부표들로 예를 들어보자. 부표들은 일정 정도의 공기
가 채워진 공의 형태로 떠 있다. 그곳에 수영을 하지 못하는 사
람이 부표를 잡고 있다고 가정하자. 그 사람이 물에 잠기지 않기
위해서 해야 하는 일은 하나의 부표에 매달려 있다가 부표의 공
기가 빠져나가기 시작하면 재빨리 다른 부표에 매달리는 것이
다. 이것을 반복하다 보면 물 위의 사람은 자신도 모르는 새에
바다의 이곳저곳을 여행하게 된다. 우리의 생각은 바로 이러한
방식으로 작동한다. 바다 위의 부표는 언어의 기표에 대한 은유
였고, 사유는 하나의 기표에서 다른 하나의 기표로 옮겨 타면서
진행된다. 만일 우리가 이 세상에 없는 상실된 사람의 이름에 매

달린 채로 다른 기표로 옮겨 가기를 거부한다면 생각은 사유의 수면으로부터 가라앉게 된다. 하나의 기표가 수면 위에 떠 있을 수 있는 시간은 한정되어 있기 때문이다. 마찬가지로 하나의 단어의 의미에 생각이 고립될 수 있는 시간은 한정되어 있다. 그러한 사유의 고립은 의미화 연쇄, 즉 생각의 흐름 자체를 둔화시키는 치명적 결과를 가져오는데, 그것이 우울증이다.

사랑했던 사람의 이름과 함께 가라앉는 우리의 마음은 사유의 흐름이 정지된 우울증의 바닥으로, 검고 어두운 심연으로 내려간다. 심연의 바닥에는 텅 빈 허무가 있다. 우울증은 바로 이러한 텅 빈 허무의 공간으로 우리를 데려가는 하나의 고립된 기표에 사로잡히는 병에 다름 아니다. 그러한 방식으로 우울증은 사유를 질식시키고, 스스로를 파괴하는 파국을 초래한다. 멜랑꼴리의 매혹은 바로 이와 같은 우울증의 파국을 연기하는 기술이다. 그것은 사유를 정지시키는 효과를 유지하면서도, 파국을 연기할 만큼의 소량의 환상을 제공한다. 여기서 소량의 환상이란, 의미가 증발된 아름다운 이미지이다. 상징주의 미술이 집중했던 기술이 바로 그것이었다. 화면 속에서 의미를 모호하게 지워 버리는 방식으로 의미화 연쇄를 정지시키고 그곳에 아름다움만을 남겨놓는 기술. 욕망의 대상으로부터 의미를 제거하기 위해 그것을 일종의 '기포vacuol'[15] 속에 가두는 기술. 그것은 세상이 살 만한 가치가 없는 무의미의 황무지이지만, 그럼에도 아름다운 황무지라는 역설적 상황을 연출한다. 세상은 참혹하지만,

---

[15] 라깡이 『세미나 7』에서 궁정풍 사랑의 욕망을 설명할 때 썼던 개념. 욕망의 대상이 의미화 연쇄 속에서 순환하지 않도록 정지시키는 기술, 그리하여 그것을 큰 사물의 지위, 즉 공백의 자리의 지위로 고정시키는 기술이 그것이다. 기포 속에 갇힌 욕망의 대상은 의미를 상실한 채로 욕망을 야기한다. 그것은 텅 빈 매혹으로 주체를 세계의 질서로부터 고립시킨다.

아르놀트 뵈클린, 〈사자의 섬Die Toteninsel〉(1883)

아름답게 참혹하다. 그것은 정확히 '자살하지 않을 만큼만' 아름답다. 세계의 의미가 붕괴되는 절망 속에서도 주체의 삶의 의지를 지탱하는 이러한 아름다움은 환각적 아름다움이다. 그것은 취하게 만들고, 현실감각을 상실하도록 만들고, 자살조차 연기하도록 만든다. 그것은 초월적이며 절대적인 삶의 진리가 사라진 세기의 아름다움인데, 플라톤이라면 이것을 속이 텅 빈 화려한 항아리라고 불렀을지도 모른다. 그것은 우울증자 여인이 견딜 수 없어 했던 벽의 텅 빈 공간을 오히려 환기하는, 그것도 아름답게 환기하는 이상한 그림이다.

아름다움의
여정

화가가 되고 싶었던 열일곱 살의 소년을 매혹시켰던 것이 멜랑꼴리의 아름다움이었음에는 의심의 여지가 없다. 페르낭 크노프, 에곤 실레, 구스타프 클림트, 오딜롱 르동, 아르놀트 뵈클린, 귀스타브 모로, 퓌비 드 샤반 등등에 이르는 세기말의 화가들은 분명 의미가 상실된 세계, 그 텅 빈 진공의 아름다움을 각자의 방식대로 그려내고 있었다. 이들의 작품들은 과장되고 젠체하는 오만함으로 가득 차 있었지만 그럼에도 단 한 가지 가장

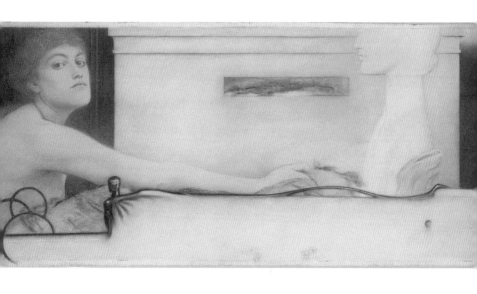

페르낭 크노프, 〈공물 The Offering〉(1891)

중요한 사실에는 솔직했다. 그것은 이 세상이 살 만한 가치가 없는 장소라는 사실이다. 세계는 자신이 규정한 삶의 의미를 나에게 강제할 권리가 없다는 것을 그림들은 주장하고 있었다. 그들의 텅 비고 우울한 아름다움은 어쩌면 세계의 기만에 대항하는 하나의 전략이었다. 이미지 속에서 의미의 진공 상태를 유지한다는 것은 세계의 고정관념이 이미지 속으로 침투하는 것에 저항한다는 것을 의미할 수도 있다. 물론 당시의 나는 그런 것들을 말로 설명할 수는 없었다. 그럼에도 그림들은 기성세대의 상식을 거부하려는 나에게 숨 쉴 수 있는 공간, 우울하지만 타자의 의미에 침범당하지 않을 수 있는 쉼터를 제공해주었다.

그러나 의미가 증발된 진공의 아름다움에 매혹당한다는 것은 필연적으로 타락의 오명을 불러일으킨다. 아름다움이 의미들의 최고 지점인 선의 영역을 넘어서는 순간부터 그것은 의미의 체계를 위협하는 유령으로 간주되기 때문이다. 특히 페르낭 크노프의 작품에서 그와 같은 타락의 징후들이 발견된다. 보들레르의 시 속에서도 마찬가지이다. 세계의 의미에 저항하기 위한 전략으로 채택된 반항의 언어들은 의미의 진공을 유지하려는 임무 속에서 타락의 오명을 자청한다. 혹은, 타락은 오히려 세계의 고정관념을 거부하는 전략으로 채택된다. 상징주의 역시 자발적으로 타락함으로써 선의 영역 너머에 머무는 전략 속에 있다. 그런 의미에서 그들의 타락은 윤리적이다. 왜냐하면, 그들의 타락은 세계의 기만에 저항하기 위한 일종의 자멸이기 때문이다.

상징주의 미술을 비롯하여 부패와 아름다움을 결합하려는 모든 종류의 시도는 스스로를 의미의 진공 상태에 머물도록 하는 효과를 갖는다. 우리는 이것을 퇴폐미라고도 부른다. 퇴락한 아름다움, 썩어가는 것의 아름다움, 소멸하는 것의 아름다움은 그렇게 고정관념의 지배를 벗어나는 텅 빈 공백의 연안에 자신을 고정시키려고 투쟁한다. 이곳에서 '절망한 자들의 세계관'이 추구하는 것은 타자의 윤리가 아닌 다른 어떤 것, 새로운 윤리의 가능성이다. 타자의 지식이 아닌 어떤 것, 자신에 관한 새로운 지식의 창안이다. 그리고 이들 새로운 윤리의 주장자들이 아름다움이라는 상상적 이미지를 매개로 해서 공백으로 진입하려 했던 이유는, 우리의 욕망과 관련하여 오직 아름다움만이 최고선이라고 불리는 고정관념의 한계를 돌파할 수 있게 해주기 때문이다. 라깡의 말대로, "아름다움은 선보다 멀리 간다"(『세미나 7』). 미는 초자아의 지배를 초과하는 단계로까지 욕망을 이끌고 간다. 오직 아름다움만이 타락조차 매혹적일 수 있다는 것을 우리에게 가르쳐준다.

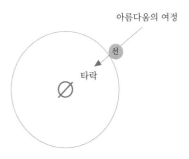

그런 의미에서 고정관념과 도덕의 사회적 한계를 벗어난 모든 초과는 아름답다. 왜냐하면 공백에 접근한 모든 이미지는 욕망의 투명한 빛을 발하기 시작하기 때문이다. 지식의 한계를 넘어선 존재들의 무한성은 어떤 색으로도 채색될 수 없는 투명함을 유지하는데, 그들이 우리에게 출현하는 방식은 오직 그들의 투명함을 오염시키는 먼지나 얼룩의 사건을 통해서이다. 먼지가 일고, 오물이 튀면, 그 뒤로 투명함이 모습을 드러낼 것이다. 그리고 바로 이 먼지와 얼룩이 또 다른 세계를 출현시키는 사건으로 기능하는 것은, 그것에 매혹당한 타락한 주체들이 출현할 때이다. 주체들은, 공백을 출현시켰던 먼지와 얼룩이 오직 현존하는 지식의 관점에서만 타락이었다는 사실을 증명하기 위해 투쟁할 것이다. 그들은 먼지와 얼룩이 오히려 세계를 변화시키는 의미의 시작점, 이를테면 주인기표 또는 초일자였다는 사실을 증명(촉성)하기 위해 부단히 노력할 것이다. 다시 한 번 강조하건대, 그들이 이와 같은 투쟁을 지속할 수 있는 이유는, 그들의 욕망이 공백의 이미지에, 먼지와 얼룩에, 타락에 매혹당했기 때문이다. 매혹 속에서 주체들은 타락한 아름다움에 사로잡힌 채로 세계를 포기한다. 창조란 바로 이러한 죽음에의 매혹과 삶에의 포기 선언에 다름 아니다. 공백에의 매혹됨과 일자-환상의 포기. 폴뤼네이케스의 시체의 매혹과 크레온에 대한 증오.

결국 타락에 매혹당한다는 것은 허무가 던진 이미지의 덫_{leurre}에 걸려듦을 의미한다. 공백을 등진 타락한 이미지의 허망함에 우리는 절망하지만, 그것의 진실함에 끝내 설득당한다. 텅 빈 것으로부터 솟아오른 유령 이미지는 무엇도 감추지 않기 때문이다. 그것은 세계의 의미들이 거짓이며, 화려한 환영일 뿐이며, 번영했던 속도만큼이나 빠르게 사라져갈 것이라는 사실을 숨기지 않는다. 세계의 견고한 지식들의 순환을 단숨에 정지시키는 공백의 유령은 그렇게 잔혹한 동시에 매혹적인 진리의 전령이다. 그것은 허무를 세상에 전염시키고, 그것에 감염된 주체를 자아의 고독 속으로 유폐시킨다. 주체는 그곳에서 자신의 고유한 정적과 만난다. 침묵, 암흑, 황량함과 같은 용어들을 통해서만 묘사될 수 있는 우울증의 공간이 그곳이다. 타락한 자를 위한 영토, 세계를 거부한 자들을 위해 마련된 장소는 좌표 없는 불안의 공간이다.

이곳까지 오는 데 주체가 한 일이란 거의 없다. 존재의 질서가 붕괴되기를 호시탐탐 노렸던 공백이, 타락한 이미지의 매혹이 우리를 이곳에 데려왔다. 신경증의 방어가 발을 헛디디기만을 기다렸던 실재가 증상의 탈을 쓰고 우리를 이곳에 데려왔다. 주체는 단지 사건에 이끌려 왔을 뿐이고, 이것을 우리는 '공의 미혹^{leurre du vide}'이라고 부른다. 공백, 텅 빈 것, 허무는 마치 세계의 떠도는 유령처럼 주체를 유혹하기 위해 덫을 놓았고, 덫에 걸린 주체는 자신을 매혹시킨 것이 무엇이었는지 알아보기도 전에 고독 속에 갇히고 마는 것이다. 따라서 그는 아직 주체조차 아니다. 그는 그저 사건의 관객이다. 그러나 이제 고독 속에서 그가 주연을 떠맡아야 하는 순간이 온다.

바디우와 라깡이 말하는 주체의 순간이 바로 이것이다. 허무의 시간을 창조의 순간으로 되돌리려는 결단의 시간. 이제까지의 삶을 타자에 맡겼던 직무 유기의 상태를 정지시키려는 결단이 그것이다. "그만!"이라고 말하는 목소리, 균열을 마주 보는 시선. 바로 그 순간 우리는 우리 자신이 아닌 다른 어떤 것이 되는 경험으로 진입한다. 그것은 우리 자신의 정체성을 구성하던 모든 일자-환영의 해체가 완결되는 순간이다. 타자의 음성에 사로잡혀 들을 수 없었던 나 자신의 목소리를 듣게 되는 순간, 타자의 응시에 사로잡혔던 시선이 감았던 눈을 뜨고 비로소 허무를 정면으로 바라보게 되는 순간이다. 그것은 또한 "타자의 타자는 없다"라는 라깡 현상학적 교훈을 "타자의 타자는 없음(무)의 형식으로 있다"라는 라깡-바디우적 실천윤리의 교훈으로 전환시키는 순간이다. 세계 속에 유일하게 실존(외존)하는 것은 공백이며, 세계-지식의 형성은 바로 이 공백의 연안을 둘러싸는 질서의 구축이라는 사실을 이해하는 순간이 그것이다. 그리고 마지막으로, 모든 것의 출발점으로서의 이 공백은 우리를 매혹시키려고 이승에 나타나지만 그럼에도 주체의 참여 없이는 자신의 실존을 실현하지 못한다는 것을 깨닫는 것이다. 주체가 그것에 이름을 부여하기 전에 그것은 결코 시작점이 될 수 없다. 공백의 역능은 바로 이와 같은 주체의 참여를 끌어내는 매혹을 발휘하는 데 있다. 주인기표를 던질 것을 주체에게 요청하는 매혹의 기술이 바로 공의 미혹의 역능이다.

침묵의
세계 풍경

이제 다시 그림 앞으로 돌아가보자. 아주 오래전 열일곱 살의 소년에게 그랬듯이 당신 앞에도 그림 한 점이 있다. 그러나 이번에는 작은 화집이 아니다. 그보다 크고 거대한 그림이, 세상이라는 그림이 있다. 그림 속 풍경은 조화롭다. 우리의 시선을 사로잡았던 오래전의 모호하고 타락한 이미지는 어느새 사라지고 없다. 열일곱 살의 소년이 매혹당했던 일탈의 이미지는 세월의 흐름에 쓸려가버렸다. 세상은 더 이상 미스터리가 아니다. 삶은 우리에게 현실원칙을 가르쳐주었고, 욕망하기보다는 포기하는 쾌락을 배우게 했다. 우리가 바라보고 있으며 동시에 그려나가는 세계의 그림은 모두에게 아름다운 것이 자신에게도 아름답다는

모토 속에서 주어진 상식의 무늬만으로 그려진다.

그런 의미에서 세상의 풍경은 투명하고, 그곳을 채우는 사물들의 의미는 선명하다. 그림의 이미지들은 그런 방식으로 지식의 한계 안에서 묘사된다. 또한, 바로 그러한 방식으로 그림의 감상자인 동시에 화가인 우리 자신 역시 지식의 한계 안에 갇힌다. 라깡이 말하듯, 화가는 자신이 세상을 그렸던 방식 그대로 세계의 풍경 속에 그려 넣어질 것이기 때문이다. 화가로서의 우리는 세계라는 그림의 바깥에 머물 수 없기 때문이기도 하다. 우리는 우리 자신이 타자에 의해 그려진 방식대로 생각하고, 그러한 생각에 근거해서 다시 세상을 그려나간다. 서로를 무한히 반복하는 마주선 거울 효과로부터 누구도 자유로울 수 없다. 그래서인지 인생의 그림들은 비슷비슷해지기 마련이다. 비슷한 그림들의 퍼즐이 모여 세계라는 거대한 벽화를 이루고, 역사의 이미지를 만들어낸다. 아무리 많은 사람들이 모여 있다 해도, 그들이 그리는 벽화 속의 이미지는 모두(타자)에게 이해될 수 있는 방식으로만 그려질 것이다. 일그러진 형상은 교정될 것이고, 흐려진 외곽선은 다시 칠해진다. 어쩌다 발견되는 벽화의 빈 공간은 재빨리 메꿔진다. 그리하여 세계의 풍경이라는 벽화는 균열 없는, 빈 공간 없는 완벽한 재현의 평면이 될 것이다. 이것이 우리가 삶과 세계를 그림으로 은유했을 때 출현하는 코스모스적 우주의 유한한 이미지이다. 다시 말하지만, 미스터리는 없다. 모든 이미지는 자신의 좌표를 갖고, 모든 존재는 자신의 가격표를 갖는다. 자신이 얼마짜리인지를 말할 수 없는 존재는 세계의 벽화 속에서 지워질 운명이다. 세상의 고정관념과는 전혀 다른 방식으로 삶의 이미지를 그리려는 누군가의 시도는 타락으로 낙인 찍힐 것이고, 철저하게 배제될 것이다.

과연 그런가? 다른 그림은 불가능한가? 질문이 찾아올 때면 나는 음악을 들었다. 내가 오래전부터 좋아했던 음악은 데이비드 실비앙이나 페네즈 또는 사카모토와 같은 무조음 작곡가들이다. 그들은 12음계의 선명한 라인을 비켜가거나 퇴락시키는 소리(소음)로 음악을 만들었다. 최근에는 제임스 블레이크라는 젊은 뮤지션의 음악을 주로 듣는다. 그들의 음악은 세계의 그림을 전혀 다른 관점에서 바라볼 수 있도록 해주었다. 좀 더 정확한 표현을 고르자면, 이어폰으로 들려오는 그들의 음악은 지금 내가 속한 세계라는 그림으로부터 소리를 빼앗아갔다. 그들의 음악이 가진 가장 두드러진 특징은 자신들의 소리를 들려주는 것이 아니라 타자의 소리를 지우는 능력이었기 때문이다. 그들의 음악은 세상의 의미 가득한 소리를 차단한다. 그러고 나서 듣게 되는 것은 침묵의 소리이며, 그것은 우리 자신을 고독의 절차로 단숨에 몰아넣는다. 고독 속에서 세계의 그림은 자신이 억압하던 마지막 이미지를, 공백의 이미지를 노출시키고 만다. 만일 음악이라는 청각적 예술의 궁극적 효과가 있다면 그것은 청각의 공백을, 정적을 출현시키는 것이며, 그와 같은 침묵 속에서 우리의 시각이 만나는 것은 세계 이미지의 공허이다. 그런데 어떤 그림은 음악의 도움 없이도 세계의 소리를 지우는 (반)청각적 효과를 연출한다. 19세기 말의 신인상주의 화가 조르주 쇠라의 그림은 침묵의 소리를 듣게 하는 힘을 가지고 있었다. 침묵의 소리를 들려주는 이미지. 그리하여 그림 속에서 공백을 드러내는 기이한 이미지.

오른쪽 그림은 쇠라가 1884년에 그린 그의 세상이다. 아니에르라고 하는 파리 인근의 강변을 그린 것이었지만, 그러나 화가는 언제나 매번의 작품 속에서 그 자신이 바라보는 세계 전체를 그린다. 그런 의미에서 쇠라의 세계에는 소리가 사라지고 없다. 그림 속에서 세계는 거대한 소리의 진공 상태에 지배되고 있다. 게다가, 그림의 정적은 의미를 침묵시킨다. 그의 그림은 고전주의적 정적 속에서 오히려 고전주의적 의미의 집중을 폐지하는 효과를 연출한다. 어떻게 그런 일이 가능했을까?

〈아니에르에서의 수영〉이라는 이 작품은 쇠라가 그의 점묘법을 실험하기 직전의 그림이다. 따라서 원색을 점 찍는 방식으로 채도를 극대화시키는 기법은 아직 사용되지 않았다. 그러나 눈에 보이는 사물의 고유한 색깔을 그저 반복하는 것을 포기하려는 의지는 확고해 보인다. 쇠라는 다른 인상주의 화가들이 그랬듯이 빛을 그리는 데 집중했기 때문이다. 그리고 인상주의 화가들의 빛을 다루는 특징은, 그것을 편재하는 개념적 보편성으로 다루지 않고 편재하는 물질적 보편성으로 다루었다는 사실이다.

조르주 쇠라, 〈아니에르에서의 수영Baigneurs à Asnières〉(1883-1884)

그들에게 빛이란 물질이었고, 물질로서의 빛을 그린다는 것은 빛으로 드러나는 색과 형태의 아름다움 역시 물질적 단계에 머물도록 한다는 것을 의미한다. 이제 화가는 자신이 알고 있는 사물의 개념을 드러내기 위해 빛을 사용하는 것이 아니라, 빛 자체를 드러내기 위해 사물을 사용한다. 개념이나 의미의 체계는 배제되기 시작한다. 쉽게 말해서, 화가는 자신이 알고 있는 방식대로, 정확히 말하자면 알아야 하는 방식대로 세계를 그리는 것이 아니라, 빛이 존재하는 방식대로 세계를 그린다. 그들의 그림 속에서 존재하는 유일한 보편성은 의미나 관념과 같은 것이 아니라 빛의 운동이다. 이로부터 플라톤이 격노했던 예술의 초과가 실현되고 있다. 의미와 관념으로서의 이데아에 복종해야 하는 형상의 아름다움이 독자적인 길을 걷기 시작하는 것이다. 광학 기술의 성과를 예술에 적용시켰던 신인상주의자 쇠라의 작품이 자신도 모르는 새에 출현시켰던 것은 의미 부재의 세계이며, 관념의 목소리가 지워진 침묵의 세계 풍경이다. 옆 그림은 아니에르 강변 맞은편의 풍경이다. 〈그랑드 자트 섬의 일요일 오후〉라는 제목이 붙은 이 작품에서 쇠라는 마침내 점묘법을 완성하여 선보인다.

먼저, 그림의 이미지들에 주목해보자. 오른편 전경에 측면으로 선 여인과 남자는 원숭이와 함께 걷고 있다. 상류사회의 여인으로 보이기도 하지만, 당시 그랑드 자트 섬의 풍문을 따르자면 고급 매춘부일 가능성이 짙다. 그 왼편으로 작은 강아지가 있고,

조르주 쇠라,
〈그랑드 자트 섬의 일요일 오후Un dimanche après-midi à île de la Grande Jatte〉(1884-1886)

다시 강변 쪽으로 더 큰 강아지와 단출한 차림의 남자가 반쯤 누워 있는 모습이 보인다. 작은 강아지는 상류사회의 애완견 취미이고, 크고 검은 개는 노동자 계층의 취미이다. 반쯤 누운 남자 역시 오른쪽의 남자와는 다르게 하류 계층에 속한 노동자의 이미지이다. 왼쪽 강변의 중경에 낚시를 하는 여인은 역시 당시의 풍문에 따르자면 매춘부일 가능성이 높다. '물고기를 낚는다'라는 표현은 당시 매춘부가 고객을 꼬이는 행위를 의미했기 때문이다. 쇠라는 대체로 이와 같은 암시의 방식으로 그랑드 자트 섬의 일요일 오후가 사회적 계층이 뒤섞여 벌이는 미스터리와 욕망의 은밀한 세계임을 그려내려고 했다. 물론 그림 속 세계는 명백한 코드로 이루어진 상징적 세계이다. 그림의 이미지를 지배하는 의미들은 세계가 아무리 미스터리해 보일지라도 일정한 방식으로 해독될 수 있는 '식별 가능한discernable' 장소임을 보여준다. 그것은 팔루스적(Φ) 의미로 지배되는 세계이며, 이미지가 이데아로 수렴하는 신경증의 고전주의적 세계이다. 그러나 쇠라는 여기서 멈추지 않는다. 쇠라가 보여주고자 했던 진정한 세계는 그보다 더 멀리 가는 세계 이미지이기 때문이다. 그가 사용했던 점묘법이라는 형식이 그것을 가능하게 한다.

점묘법이란 캔버스 화면 위에 원색에 가까운 높은 채도의 점들을 반복적으로 찍어서 일정한 거리를 두고 보면 선명하고 밝은 색의 효과를 낼 수 있도록 고안된 기술이다. 이 기술이 갖는 의미는 우리 눈에 보이는 세계의 사물들이란 자신만의 고유한 색깔을 갖는 것이 아니라 아주 일정하고 보편적인 빛의 효과에 의해 드러나는 거대한 신기루에 불과하다는 것이다. 인상주의 논리에 따르면 백인의 얼굴이 하얗게 보이는 것은 빛의 효과에 불과하며, 흑인의 얼굴이 검게 보이는 것 역시 오직 빛의 장난에 불과하다. 세계는 본질을 상실한 거대한 빛의 환상 공연장으로 탈바꿈한다. 인상주의 화가들의 이 같은 특징 중에서도 쇠라의 것은 허무의 세계관을 일보 전진시킨다. 쇠라는 그림 속에서 빛들의 움직임을 최소화하면서 고전주의적 정적을 도입하기 때문이다. 빛들이 점묘의 단아함 속에서 움직임을 상실한 채로 세계를 드러내기 시작하자, 이제까지의 인상주의자들이 빛의 향연의 소란스러움 속에서 보여주지 못했던 것이 비로소 드러나기 시작하고 있다. 그것은 침묵이며, 세계의 공허이며, 아름다운 빛의 향연이 둘러싼 공백이다. 그곳에서 우리는 침묵의 소리를 듣는다. 쇠라는 그리스 고전주의의 정적의 미를 도구로 해서 그리스인들보다 훨씬 멀리 갔다. 그리스인들이 모든 색과 형상의 고요한 융합 속에서 점의 형식으로 존재하는 이데아를 드러내려고 했다면, 쇠라는 모든 색과 형상의 광학적 융합 속에서 무(색)의 형식으로 존재하는 진리를 드러내고 있기 때문이다. 고전주의는 색을 팔레트 위에서 섞음으로써 검은 점을 진리의 형상으로 보았고, 쇠라는 원색의 바람개비 효과에서처럼 빛의 수준에서 색을 섞어줌으로써 무색의 융합을 진리의 형상으로 출현시키고 있다. 여기서 점의 형상으로서의 이데아는 의미의 실체로서의 최종적 환상을 의미한다. 쇠라의 그림은 바로 그것 다음에 존재하는 공백을, 허무의 진리를 드러낸다. 의미를 담는 항아리의 텅 빈 공간이 의미보다 먼저 존재한다는 역설적인 진리.

그런데, 쇠라는 자신의 그림이 도달한 이 같은 허무의 지점을 인식하고 있었을까? 쇠라는 광학기술과 인상주의라는 뜻밖의 사건을 따라서 세계의 풍경을 묘사하게 됨으로써 발생했던 이 모든 초과의 현상을 이해하고 있었을까? 모를 일이다. 그는 너무 일찍 죽었고(31세), 너무 조용했다. 그가 남긴 것은 그 자신의 이해가 아니라 그의 작품이 도달한 공백의 흔적일 뿐이다. 그것은 '우연'이 그를 데려간 텅 빈 장소에 관한 이미지이며, 그들의 명예로운 이름을 사용하자면, 공백에 관한 '인상impression'이다. 그렇다. 쇠라에 관해서는 알려진 것이 없지만 최소한 그의 작품은 인상주의가 빛의 물질적 속성에 집중함으로써 거쳐갔던 여정을 종합한다고 평가될 수 있다. 그의 작품은 빛과 관련하여 인간의 시각이 이를 수 있는 가장 실재적인 장소에 도달하고 있기 때문이다. 세계의 모든 의미와 관념들의 지배가 정지되는 순간의 섬광. 세계의 목소리가 우리에게 명령하는 다양한 법과 질서의 음성이 정지되는 정적과 침묵의 빛나는 가장자리. 마침내 그곳에 도달했던 쇠라의 그림 속 유령이 우리에게 말하고자 하는 것은 명백하다. 그것은 자신의 공백이 우리의 삶 속에서 다시 사유될 것에 대한 요구이다. 혹은, 쇠라의 작품을 비롯한 수많은 '작품의 유령들'은 자신들이 출현시킨 공백의 가장자리로부터 세계가 다시 사유될 수 있기를 요청하고 있다. 바이러스의 생존 양태와 마찬가지로, 유령의 생존은 오직 그의 이야기에 귀 기울이는 감염된 숙주들, 주체들의 출현에 달려 있기 때문이다.

유령의 출몰과 전파에 관한 이 같은 해석으로부터 우리는 세계의 풍경화가 감추고 있는 공백의 영역에 도달하는 기술이 어떻게 가능할 수 있는지에 대한 단서를 찾는다. 그것은 억압되어 사라져가는 공백의 유령들을, 그들의 (비)존재를 찾아내고, 사유하는 것이다. 쇠라는 선배 인상주의자들의 그림 속에 출현하는 유령들을 사유함으로써 자신의 고유한 공백에 도달했다. 그리고 우리 역시 우리 시대의 유령을 통해서 우리 자신의 공백에 도달해야 한다. 다시 말하지만, 우리 자신은 세계의 그림 앞에 선 관객이자 화가이다. 우리는 세계의 풍경을 그리면서 동시에 그림 속에 하나의 얼룩으로 그려진다. 만일 우리가 얼룩으로서의 우리 자신의 소외를 벗어나려고 한다면, 우리 스스로 유령이 되는 방법밖에 없다. 어떻게 그럴 수 있는가? 답은 유령들의 역사에서 찾아야 한다. 이미 유령을 소환했던 예술과 문화와 삶의 다양한 차원의 기록을 탐사해야만 한다. 거리의 음악과 영화의 광고 이미지들 속에서 유령의 흔적을 찾아내야 한다. 그것은 우리가 문화라고 부르는 인류 문명의 역사가 우리에게 해줄 수 있는 유일한 순기능이다. 문명 속에서 유령들의 역사를 발굴해내는 것. 그리하여 그들이 공백으로 도달했던 궤적을 다시 반복하는 것. 그러나 이번에는 자신만의 고유한 영역에서 새로운 방식으로 유령에의 매혹을 창안해내는 것이 그것이다.

세계의 지배적 관념으로부터 벗어나 자신만의 새로운 인생을 '디자인'하는 방법으로서의 유령 윤리학은 이처럼 문화의 차원을 윤리에 도입함으로써 실천윤리가 가진 잔혹함을 매혹의 장으로 전환시킨다. 라깡이 말하듯 윤리의 문제가 쾌락의 윤리여서는 안 되는 것이라면, 그것은 칸트의 그것처럼 고통의 윤리학일 수밖에 없다. 옳은 일을 한다는 것은, 특히 자신의 정체성과 관련하여 올바른 삶을 디자인한다는 것은 세계를 지배하는 현실원칙의 보호로부터 자신의 자아를 일탈시키는 아주 위험하고 고통스러운 행위이기 때문이다. 그럼에도 라깡은 윤리의 문제를 욕망의 문제와 연결시킴으로써 칸트의 잔혹함으로부터 다시 윤리학을 해방시킨다. 올바른 일을 한다는 것은 올바름을 욕망한다는 것이다. 자기 자신과 관련하여 가장 올바른 행위는 매 순간 자신의 존재를 새롭게 창안해내는 것이다. 그런데 이것은 존재를 욕망하는 것이며, 존재를 욕망함은 공백을 욕망함이다. 유령들의 역사는 바로 이러한 공백에 대한 욕망이 공백에 대한 매혹이었음을 증언하고 있다.

매혹은 결코 고통스럽지 않다. 혹은, 고통까지도 욕망하도록 만드는 것이 바로 공의 매혹이다. 문화는 바로 그러한 매혹하는 유령들의 보물 창고이다. 그곳을 탐사하는 것은 단지 미학자들의 현학적 관심사가 아니라 윤리적 삶을 추구하는 우리 모두의 권리이다. 미술과 문학과 음악과 정치사와 과학사로부터 유령의 출현에 관련된 역사를, 또는 유령의 고고학을 탐사하며 즐기고,

그리하여 매혹의 토양을, 우리 자신 속의 텅 빈 유령의 영토를 확보하는 것, 그것이 윤리의 영역으로 접근하는 왕도이다. 우리 자신을 텅 빈 공백으로 유지하고, 유령의 출현을 기다릴 수 있게 하는 소량의 환상이란 문명 속에 존재하는 유령에 관한 지식, 또는 지혜로부터 오기 때문이다. 그것은 오이디푸스 왕이 말했던 지혜, "그 지혜의 소유자에게 [현실원칙의 차원에서의] 어떠한 이익도 줄 수 없는", 그래서 종국에는 세계의 견고한 이미지를 붕괴시키게 될 매혹적인 '재앙'을 불러일으키는 바로 그러한 지혜이기 때문이다.

이제 우리의 유령 이야기도 마지막 장에 이르고 말았다. 독자에게, 무엇보다 필자 자신에게 한바탕의 유령 소동이었던 기나긴 글쓰기가 끝나고, 판도라의 상자가 닫히듯 마지막 책장을 덮고 나면 세상에는 다시 고요한 평온이 찾아온다. 그러나 나는 이 고요함이 잠정적이기를 원한다. 마치 아테네를 떠들썩하게 만들었던 소크라테스의 재판이 끝나고 난 뒤 도시를 찾아온 고요함처럼, 나는 그것이 타자로부터 강제된 대답을 발음하지 않기 위한 반항의 침묵, 새로움을 탄생시키기 위한 들끓는 고요함이었으면 좋겠다.

젊은 플라톤의 스승이었던 소크라테스는 아테네 사람들의 미움을 샀다. 다수가 옳다고 믿는 것이 곧 진리라는 벤담 식 공리주의가 판치던 당시의 세계관에 그는 결코 동의하지 않았기 때문

이다. 처세술을 가르치던 아테네의 소피스트들의 철학은 주어
진 상식을 따르며 살 것과, 그러한 상식 속에서 강자가 될 것을,
그리하여 최대의 안락함을 삶의 목적으로 삼을 것을 가르쳤다.
그리고 오늘날 대형 서점가의 베스트셀러 목록에서 이들의 논
리를 다시 발견하게 되는 것이 결코 우연은 아니다. 인간이란 언
제나 진리에 대해서 방어적이기 때문이다.

고정관념의 권력에 몰입하는 쾌락, 타자의 지식에 종속되는 쾌
락은 언제나 달콤하며 심지어 자아의 자연스런 경향이다. 21세
기적 용어를 빌려 쓰자면 우리는 스스로를 상품 가치화하는 데
자발적으로 참여하고, 그렇게 함으로써 안도감을 느낀다. 멘토
의 지식을 따르며 그들의 유한한 세계, 한물간 세계관을 반복한
다. 왜냐하면 우리는 우리 내부에 존재하는 공백, 화폐가치로 환
산할 수도 현재의 지식으로 측정할 수도 없는 그것, 무한한 가
능성인 그것, 우리의 '이웃^{Nebenmensch}'1인 동시에 우리 자신이기
도 한 그것의 무시무시한 위력에 공포를 느끼기 때문이다. 상식
과 고정관념의 보호로부터 벗어난다는 것은 바로 이것에 접근
한다는 것을 의미한다. 그것에 접근하기 위해 소크라테스가 가
르쳤던 방법론은 통용되는 모든 (유사)진리를 의심하고 논박하
여 무화시키는 것이었다. 그리하여 "내가 아는 유일한 것은 내
가 모른다는 사실이다"의 명제에 도달하도록 만드는 것이었다.
왜냐하면, 진리란 새로움이 시작될 텅 빈 장소에 불과하며, 이것
에 도달하기 위한 유일한 방법은 오직 현행 지식의 지배에 대한

---

1 이 용어는 프로이트가 욕망의 궁극적인 대상으로서의 파괴적인 '큰 사물^{Das}
^{Ding}'을 가리키기 위해 사용했던 표현이다. 이 용어가 처음으로 본격적인 용법
을 획득하는 것은 프로이트 초기 논문인 「과학적 심리학을 위한 초고」(1893)에
서였다. 이후 라깡은 1959년에 행해진 세미나들에서 이에 대한 집중적인 연구
를 진행한다.

거부 또는 '무지'의 형식을 통해서이기 때문이다. 이것이 소크라테스 변증법과 산파술이 의미하는 것이며, 모든 지식은 지식 자체를 넘어서기 위함이라는 교훈이 그곳에 있다. 그렇게 넘어선 타자의 지식 저편에는, 쾌락원칙의 저편이기도 한 그곳에는 우리를 위해 마련된 텅 빈 공터가 있다. 그곳은 불안의 황무지이다. 그곳은 자아가 의존하는 공동체의 상식을 위협하는 유령들이 출몰하는 습지이다. 사유의 다양함에 그토록 관대했던 아테네가 소크라테스에 기겁했던 이유가 바로 여기에 있다. 소크라테스의 정적들이 그에게 사형을 선고하며 근거로 들었던 죄목은 유령에 대한 그들의 두려움이 무엇이었는지를 말해주고 있지 않은가? 그것은 "젊은이들을 타락시키고, 국가가 인정하는 신들을 인정하는 대신 다른 새로운 신들을 믿음으로써 불법을 저지르고 있다"[2]는 것이었다.

만일 이것이 소크라테스라는 유령이 도시를 떠돌며 행했던 범죄에 붙여진 이름이었다면, 우리에게 그것의 의미는 너무도 명백해 보인다. 그것은 모두가 사로잡혀 있었던 고정관념을 의심하고 조롱했던 것에 대한 비난이었고, 그러한 신념에 근거해서 젊은이들에게 새로움 자체를 사유할 수 있는 능력을 전염시켰던 일에 대한 처벌이었다. 고정관념의 권력에 대항한 죄였으며, 그러한 저항을 전염시켜 젊은이들의 '건강한' 사고를 타락시킨 죄였다. 결국, 소크라테스는 '타락의 윤리'를 설파했던 것이고, 도시는 그와 같은 타락에 경악했던 것이다. 아테네는 이 같은 타

2 플라톤, 「소크라테스의 변론」, 천병희 옮김.

락을 허용할 수 없었고, 소크라테스는 기꺼이 죽음을 맞이한다. 그리하여, 아테네의 광장에는 다시금 정적이 찾아오지만, 그러나 이것은 아주 불안정한 고요함이었다. 왜냐하면 소크라테스의 유령은 죽지 않는 문자의 형식으로 여전히 도시의 밤을 떠돌고 있었기 때문이다. 그의 유령에 가장 강렬하게 매혹당한 주체, 가장 치명적으로 타락한 주체였던 플라톤이 낮과 밤을 가리지 않고 유령의 문자들을 언표화하고, 그것을 설파하기 위해 학교를 세우고 있었기 때문이다.

이어지는 역사의 흐름은 우리에게 이들의 이야기가 시작에 불과했음을 알려준다. 문명은 우리에게 소크라테스 말고도 수많은 유령들이, 동서양의 구분없이 도시와 국가의 밤을 떠도는 유령들이 존재했고 존재할 것이라는 사실을 알려주고 있기 때문이다. 가장 가까운 예로는 젊은 의학도 라깡을 사로잡았던 프로이트의 유령이 있다. 유령에 사로잡힌 존재는 스스로를 유령으로 만들고, 이어서 다른 존재들을 타락시키게 된다는 유령-원리를 따라서, 이 책은 바로 그렇게 유령이 된 라깡에 의해 다시 타락하게 되는 존재들, 스스로가 유령이 되어가는 존재들에 관해 이야기하고자 했다. 무엇보다 라깡이라는 유령의 이름에 사로잡힌 필자 자신의 개인적 유령들에 관하여 말하고자 했으며, 그리하여 이야기는 마침내 시작될 침묵의 가장자리에 이르게 된 것이다. 이어지는 페이지의 개념 정리는 책의 침묵이 쉽사리 흩어지는 것을 막아주기를 기대하며 필자가 던지는 낡은 그물이다. 그러니까 이제 유령 이야기는 이것으로 충분하다고 느끼는 독자라면 읽지 않아도 좋을 사족이다. 책이 기대하는 것은 단지 완고한 침묵이 독자의 사유 속에서 시작되는 것이고, 그것뿐이니까 말이다.

책의 개념 정리

모든 책은 나른 책에 관한 책이며, 우리가 쓰는 가장 녹장적인 순간의 용어들조차 타자의 흔적이라는 사실을 인정하는 것은 글을 쓰는 주체가 받아들여야 하는 최소한의 윤리다. 그런 의미에서 이 책에서 제시하는 유령의 개념은 사실상 20세기 인문학이라는 거대한 타자가 필자의 정신에 남긴 일종의 스크래치 이상이 아님을 고백해야겠다. 나아가서 그러한 흔적의 주요한 흐름을 밝히고, 그로부터 구성된 필자의 세계관을 원류와 함께 명시하는 것으로 책의 여정을 정리하는 것은 이 책의 '에필로그'가 취할 수 있는 가장 적절한 형식이라고 생각된다. 아래의 용어 정리는 그러한 흔적의 기록인데, 특히 라깡 정신분석의 이론으로부터 받아들인 이 책의 세계관을 묘사한다.

'나'(me) 또는 자아(ego)

심리 상담에 자주 등장하는 주제는 '나는 누구인가'를 묻는 질문이다. "나는 도대체 어떤 사람일까요?"라는 질문을 분석가에게 던지는 환자들의 흔한 요구는 결코 가볍게 취급될 수 있는 주제가 아니다. 그것은 인류가 자신의 자아의 정체성에 관하여 던지는 거대한 역사적 질문과 관련되어 있기 때문이다. 고대 그리스의 극작가 소포클레스가 쓴 「오이디푸스 왕」에서도 역시 스핑크스의 비슷한 질문에 답을 찾는 것으로부터 비극이 시작되지 않는가? 저주에 걸린 테바이 왕국으로 들어가기 위해 길을 나선 오이디푸스 왕은 스핑크스의 다음과 같은 질문과 마주한다. "목소리를 가지고 있으며 (아침에는) 네 발이고 (낮에는) 두 발이며 (저녁에는) 세 발인 것은 무엇인가?" 오이디푸스 왕은 이에 "그것은 인간이다"라고 답하는데, 이것은 사실상 오이디푸스 그 자신의 정체성에 관한 질문이기도 했다. 그의 이름이 의미하는 것은 '부은^{oideō} 발^{pous}'이었다. 오이디푸스가 그러한 이름을 갖게 된 것은 그의 원래 부모였던 테바이의 왕과 왕비가 자신들에게 내려진 저주가 두려워 어린 오이디푸스를 들판에 버릴 때에 그의 두 발을 꿰매어버렸기 때문이다.

그림은 19세기 신고전주의 화가 앵그르가 소포클레스의 비극을 토대로 묘사한 오이디푸스와 스핑크스의 대화 장면이다. 그림 속에서 오이디푸스는 스핑크스의 질문에 오른쪽 손가락으로 자신을 가리키고 있다. 그리하여 그는 자신의 이름에 대한 또 다른

장 오귀스트 도미니크 앵그르,
〈스핑크스의 수수께끼를 푸는 오이디푸스Oedipe explique l'énigme du Sphinx〉

가능한 해석인 '발^{pous}을 아는^{oida} 사람'이 된다. 부은 발을 가진 자신의 정체성을 아는 자. 자기 자신이 누구인지 질문을 던질 줄 알며, 그에 대한 대답 역시 스스로 찾아낼 수 있는 능력을 가진 유일한 동물인 인간. 더구나 이 그림을 그린 앵그르가 이미지를 다루는 방식에서 엿볼 수 있는 고전주의적 엄밀성은 인간이 자기 자신에 관하여 취하는 오래된 태도를 이해할 수 있도록 해주는데, 그것은 이성의 선명함과 엄밀성 그리고 조화로운 자기 인식이다. 이것은 아주 오래전부터 인간이 스스로에게 던져왔던 자아의 이상적 이미지였다. 그런데 과연 그런가? 우리는 진정으로 자신이 누구인지 알고 있을까? 혹은, 분석가를 찾아온 신경증 환자는 자신의 정체성을 묻는 질문에 답을 찾아내게 될 것인가? 이 모든 우리의 소망은 오이디푸스의 비극을 통해 남김없이 반박된다. 오이디푸스는 결국 자신이 누구인지 모르는 오인 속에서 비극의 한가운데로 걸어 들어가고 있었으며, 그와 같은 이미지는 우리가 우리 자신의 자아와 정체성에 관하여 취하는 오인의 태도를 상징한다.

라깡학파의 정신분석은 자아의 이 같은 허구성을 '거울단계'의 도식 속에서 설명한다. 아래 그림에서 거울을 보는 나를 a라고 하자. 내가 나의 이미지 또는 정체성이라고 할 수 있을 그것을 확인하는 유일한 방법은 나를 이미지로서 '비추어 보는 것'이다. a의 앞에 푸른 동그라미로 제시된 것이 바로 거울인데, 이것은 실제의 거울을 의미할 수도, 혹은 나를 비추어주는 내면 또는 사회의 심리적 반영을 의미할 수도 있다. 어쨌든 우리가 스스로를 알게 되는 것은 이와 같은 반영 이미지를 통해서인데, 이때 라깡은 우리의 바로 뒤에서 거울을 함께 응시하는 존재를 가정한다. 그것은 어린아이가 거울 속에서 처음으로 자신의 이미지를 발견하고 기뻐할 때에 아이의 이름을 부르며 그것을 인증해주는 부모 또는 그에 준하는 역할을 하는 타자-어른의 시선을 의미한다("신기하지? 저게 바로 너란다").

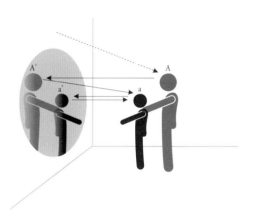

아이는 자신이 누구인지 오직 타자의 시선에 근거해서 알 수 있을 뿐이다. 부모의 시선에서 느껴지는 긍정과 부정의 신호들은 아이에게 자기 이미지에서 추구해야 할 것과 피해가야 할 것들을 구분하도록 강제한다. 만일 사정이 이러하다면 우리의 자기 정체성은 부모의 시선 속에서 구성되는 것이라고 할 수 있는데, 그렇다면 부모 자신의 정체성은 어디에서 오는 것일까? 만일 우

리가 거울 이미지 속에서 타자로서의 부모의 욕망을 반복하며 자신의 이미지를 구성해내고 있었던 것이라면, 부모-타자 자신의 욕망은 어디로부터 오는 것일까? 그림 속에서 우리는 A라고 표기된 부모-타자의 존재 역시 외부의 시선이 반영된 거울 속 이미지로부터 자신의 정체성(A')을 확인하고 있다는 사실에 주목해야 한다. 따라서 아이가 타자의 존재를 확인하는 것 역시 타자의 외부로부터 타자를 거쳐 반영된 거울상의 이미지(A')를 통해서이다. 타자 역시 거울상의 오인 속에서 타자의 타자의 욕망을 반복하고 있었을 뿐이며, 그러한 반복은 끝없이 다시 반복되며, 그런 의미에서 인간의 자기 인식과 세계 인식은 거울이라고 은유될 수 있는 타자-의존적 반영 이미지들의 폐쇄 공간에서 출현하는 환상의 구조를 갖는다.

따라서 인간이 스스로의 정체성을 부여받는 이미지의 반영 효과에 관한 정지점은 존재하지 않는다. 그것은 끝없이 타자의 타자의 욕망을 반복함으로써 자신의 상상적이며 일시적인 동일성을 획득할 뿐이며, 이와 같은 거울 반영 효과의 궁극적이며 초월적인 지점, 즉 거울의 외부란 존재하지 않을 것이다. 라깡이 "타자의 타자는 없다"고 말했던 것의 의미가 바로 이것이다. 거울의 외부는 없으며, 자아의 정체성이란 이와 같은 환상-구조물 내에서 타자에 의해 결정된 오인의 산물에 불과하다. 바로 그런 의미에서 라깡학파의 정신분석은 자아의 정상적 이미지를 강화하려는 여타 심리치료의 경향을 '진심으로' 반대한다. 이것은 치료의 목적이나 효과에 관한 논의를 떠나서 이미 인간에 관한 윤리가 문제시되고 있음을 의미하는 것인데, 인간의 정신을 타자의 의견에 부합하는 정상적 자아 이미지로 구성하도록 만드는 것은 인간의 존재를 소외시키는 결과를 초래할 것이기 때문이다. 인간에게는 원래 그렇게 만들어진 기원적 정상성의 자아란 존재하지 않는다. 정상적 자아에 관한 모든 환영은 타자로부터 흘러 들어온 의미의 응고물인 고정관념이 만들어낸 거울상에 다름 아니기 때문이다. 따라서 우리의 책이 '자아' 또는 '나'라는 개념과 함께 추구하는 노선은 그것을 언제나 새롭게 창안해야 할 것으로 간주하며, 창안한 뒤에는 그것이 즉각적으로 타자의 지배에 종속될 것이라는 관점에서 다시 의심해야 하며, 그리하여 끝없는 창조와 몰락의 반복을 거듭해야 하는, 바로 그러한 운동 속에서만 그것의 존재 의미를 발견하게 된다는 것으로 간주한다. 자아라는 개념은 분명 우리 자신의 삶을 지탱하기 위해 필요한 것이지만, 동시에 그것의 존재를 의심하는 지속적인 운동 속에서만 가치가 인정되어야 한다. 자신이 누구인지에 관한 질문을 멈추는 자는 자아의 (타자)도취적 쾌락을 맛볼 자격이 없다.

세계

이 책은 (역시 라깡을 따라서) 세계를 하나의 극장과 같은 곳으로 간주한다. 세계는 환상 극장이다. 세계는 방어적 욕망이 만들어낸 거대한 스크린에 투사된 이미지들이며 우리가 볼 수 있는 것은 단지 그러한 이미지의 통제된 나열들뿐이다. 그 너머에 실제로 존재한다고 가정된 실재를 볼 수는 없다. 왜냐하면, 그곳에는 아무것도 없기 때문이다. 혹은, 아무것도 없음이, 없음의 방식으로 있기 때문이다. 이와 같은 사실로부터 모든 실재 사물에 대한 오해와 신화의 대방출이 기원한다. 그러한 없음의 불안과 허무를 견뎌낼 수 없는 문명은 '애꿎은 신'을 불러내고, 범신론적 정령들을 사물들의 기원과 뒤섞는다. 이것은 라깡의 스크린 이론을 통해 가장 선명하게 드러나는 세계의 진실이기도 한데, 아래 도식이 그것을 묘사한다.

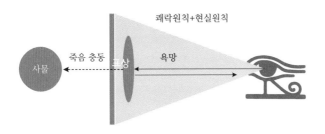

이 도식에서 오른쪽의 눈을 인간 주체의 인식이라고 가정해보자. 눈은 맞은편 끝에 있는 사물을 관찰한다. 고전철학의 인식론에서는 이러한 관찰이 객관적일 수 있다고 가정하지만, 프로이트-라깡의 인식론은 그러한 객관성 자체의 불가능성을 (오)인식의 본질로 본다. 쉽게 말해서, 우리가 세계의 사물들을 관찰하는

방식은 철저하게 충동과 욕망의 변증법을 따른다는 것이다. 인간의 인식 절차가 형성되는 유아기의 경험이 그것을 설명해줄 수 있다. 아이는 세계-사물과 어떠한 방식으로 만나는가?

도식에서 그려진 화살표의 방향을 주목해 보기 바란다. 아이의 눈으로부터 나와 사물로 향하는 화살표는 쾌락원칙과 현실원칙의 지배를 받는다. 여기서 쾌락원칙이란 아이의 지각이 외부의 사물을 '쾌Lust'와 '불쾌Unlust'의 기준을 통해 구별하고 그것의 자극량을 안정화시키는 과정을 의미하는 프로이트 정신분석의 용어이다. 쉽게 설명하자면, 아이가 외부의 자극을 받아들일 때 기준으로 사용하는 유일한 범주는 쾌락과 불쾌의 양극적 잣대뿐이라는 것이다. 그러나 이것이 전부는 아니다. 아이의 심리는 현실원칙이라는 언어적 판단을 수용하기 시작할 것이기 때문이다. 이때 아이는 단지 쾌락의 안정적 유지에 의존하던 판단 기준을 선악이라는 도덕 명령적 기준과 융합시킨다. 이것이 융합인 이유는, 언어를 사용하게 되는 인간의 감정 속에서 쾌/불쾌의 기준이 결코 언어적 판단 없이 혼자서 작동하지는 않을 것이기 때문이다. 그리하여 인간의 지각의 통로가 규격화되고, '길트임Bahnung'된다. 인간은 사물을 쾌/불쾌 그리고 선/악의 기준을 통해 만나게 되는 것이다. 어떤 사물은 아이에게 쾌락을 주는데, 아이를 둘러싼 환경, 특히 아이의 부모로부터 구성된 말의 환경이 그것을 좋은 것(선)으로 간주하기 때문에 쾌락을 주는 것으로 인식될 것이다. 아이에게 고통을 주는 것은 역시 부모를 중심으로 구성된 아이의 언어적 환경이 그것을 나쁜 것(악)으로 간주하기 때문에 고통으로 느껴진다. 그런데 여기서 선악의 기준이란 부모의 발 속에서 출현하는 욕망의 흐름이 만들어낸 신기루, 고정관념의 응고물들에 불과하며, 이것은 근친상간적 욕망 또는 조건 없는 욕망, 즉 주이상스라고 말할 수 있는 것에 대한 원초적 금지의 산물이다.

이와 같은 과정 속에서 사물 자체에 대한 관념 또는 표상이 생겨난다. 그러나 이러한 사물의 표상들은 사물 자체의 속성과는 전혀 무관하다. 세계를 구성하는 사물들은 그 자체로서는 쾌락도 불쾌도, 선도 악도 아닌, 그저 사물일 뿐이기 때문이다. 이러한 사물들의 무심함을 인간은 쾌락원칙과 현실원칙이라는 독자적인 장치를 통해 굴절시키고 왜곡시켜 하나의 세계 이미지를 만들어낼 뿐이다. 그렇게 해서 인간 주체는 세계를 현실원칙의 환상극이 상영되는 영화극장과 같은 장소로 구성해낸다. 만일 우리의 시선이 스크린의 표면을 뚫고 그 너머의 사물^{Das Ding}을 보게 된다면 두려움에 사로잡힐 것이 분명한데, 그곳에는 사물과 주체 사이의 통제되지 않은 주이상스가 넘쳐흐르고 있기 때문이다. 오이디푸스 콤플렉스의 극복이란 사물과의 이 같은 충동적 관계를 포기하고 타자의 법과 질서를 욕망의 경제에 도입하는 것을 의미한다.

그런 의미에서 실재 사물과 주체 사이를 가르는 스크린의 장막은 사물에 달라붙은 충동의 민낯을 보지 않으려는 주체의 방어적인 욕망의 결과물이다. 그것은 사물의 실재 속을 관통하고 있는 충동들, 주이상스의 허무에 잡아먹히지 않으려는 주체의 무의식적 방어 전략의 산물이다.

그렇게 해서 세계는 오인과 거짓말에 근거한 표상들의 극장이 된다. 그럼에도 이러한 표상들은 견고한 질서에 사로잡혀 있다는 사실이 강조되어야 한다. 세계의 이미지들은 상징계의 틀 속에서 현재의 지배적 담론을 구성하는 지식에, 쉽게 말해서 고정관념의 권력에 완전히 장악당하기 때문이다. 그런 방식으로 우리는 아는 만큼만 세계를 보며, 우리의 앎을 지배하는 것은 지배적 담론들, 고정관념들이다. 따라서 세계를 보는 진정한 주체는 우리 자신이 아닌 타자의 지식이다. 도식의 오른쪽 눈의 이미지를 고대 이집트의 호루스의 눈의 형상으로 그려 넣은 이유가 그것이다. 이집트 신화에서 호루스는 세계의 질서와 규범을 감시하는 눈을 상징하는데, 우리가 사물들을 바라보는 순간 우리의 시선을 장악하는 것은 바로 그러한 사회적 지배 질서의 응시이다. 그런 의미에서 우리는 보는 위치가 아니라 차라리 보이는 입장에 처해 있다고 말하는 것이 더 정확하다. 우리 인간은 세계를 관찰하는 지배적 패러다임의 응시에 지배받으며, 보는 동시에 보이며, 이 모든 인식의 구조 속에서 주체가 아닌 객체에 불과하다. 우리에게 세계는 바로 그러한 소외됨의 스펙터클이 공연되는 거대한 무대이며, 외부의 혼돈으로부터 인간을 보호하는 성곽인 동시에 주체를 사로잡고 놓아주지 않는 다이달로스의 미로와 같다. 충동(미노타우로스)을 가두기 위해 만들었던 미로였으나 결국 그것을 만든 다이달로스 자신을 가두어버리게 되는 수인囚人의 땅. 공백의 허무를 가리기 위해 던져진 베일이었지만, 그로부터 피어오르는 미혹으로 길을 잃게 되는 마술 극장.

타자 또는 고정관념

'대타자'로도 번역되는 라깡의 용어 'l'Autre'는 영어의 'Other'에 해당하는데, 상당히 포괄적인 사용이 가능하다. 일반적으로 우리의 존재를 지배하는 언어적 권력을 상징하지만, 보다 구체적인 임상 차원에서는 부모의 존재에 대한 기억을 가정한다. 아이는 최초의 타자이며 동시에 그의 인생에 결정적 영향력을 행사하게 될 부모에게 의존한 상태에서 성장한다. 이 과정에서 아이는 부모로부터 욕망하는 법을 배우게 되는데, 이러한 배움은 부모를 욕망의 최초의 대상으로 설정하면서 시작된다. 아이는 부모의 욕망의 유일한 대상이 되고자 노력하는 과정에서 타자의 세계관을 전적으로 수용하여 자신의 자아를 구성하는 동시에, 역으로 자신이 그렇게 습득한 욕망의 실천에 대한 대상의 위치에 다시 부모를 붙잡아두려고 한다. 아이와 부모 사이에 설정된 이와 같은 욕망의 관계는 이후 아이의 삶을 이끌어가는 가장 중요한 원동력이 될 것이다. 그런 의미에서 인간의 삶은 타자라는 추상적 존재에게 지배받는다. 이것이 추상적인 이유는 타자의 그러한 존재가 실제의 부모를 의미하는 것이 아니라 그들의 자리, 혹은 그들의 존재가 아이의 무의식에 남긴 흔적을 가리킨다는 의미에서 그러하다. 그런 이유로, 더 이상 부모의 보호가 필요 없는 성인이라 해도 타자의 존재는 심리적 현실 속에서 여전한 권력을 가진다. 인간의 심리는 언제나 자신의 욕망을 확인시켜줄 타자를 필요로 하며, 그리하여 타자의 자리에 들어설 수 있는 대상을 끝없이 찾아 헤맬 것이기 때문이다.

임상적 차원에서 파악되는 이러한 타자 개념은 보다 확장된 방식으로 해석될 때에 진정한 의미를 드러낼 수 있는데, 그것은 타자를 지식의 개념과 연결하는 것이다. 여기서 타자란 세계의 지식이며 그것의 권력이라는 관점에서 파악된다. 나는 이러한 타자의 개념을 일상의 용어인 '고정관념'으로 대체할 것을 제안한다. 우리의 삶을 지배하며, 우리 자신이 누구인지 묻고자 할 때에 대답을 미리 제시하는 이미 결정된 지식들이 바로 고정관념이다. 이것은 세계의 관념들 또는 표상들이라고도 할 수 있는 인식의 질서를 미리 고정시키는 힘을 의미할 수도 있다. 나아가서 이러한 고정된 관념들은 일종의 권력으로 작용하며, 이러한 권력의 기원에 내가 아닌 타자가 있다. 나의 자아와 세계의 이미지를 결정하는 것은 타자의 자리로부터 흘러 들어오는 권력, 관념들을 고정시키는 권력이라는 것이다. 세계와 그것의 일부인 자아는 타자의 지식인 고정관념에 의해 셈해지며, 그러한 셈의 조건 속에서만 존재할 수 있다. 고정관념의 권력에 의해 셈해지지 않는 존재는 없는 것으로 간주되며, 그럼에도 자신의 존재를 주장할 경우 유령의 출현과 같은 불법적 사건으로 간주될 것이다. 고정관념의 권력은 세계의 존재 질서를 결정하며, 그러한 결정에 복종하는 대상들만을 합법적 존재로서 비준하기 때문이다. 그런 의미에서 세계와 자아는 고정관념이라는 틀로부터 출현하는 환영에 다름 아니다. 한편, 고정관념의 질서를 거부하는 불법적 존재, 유령인 그것 역시 환영임에는 다를 바 없지만, 그러나 유령은 자신의 환영적 허구성을 숨기지 않는 유일한 (비)존재이다. 세계의 사물들은 자신들의 환영적 속성을 철저히 은폐하는 고정관념의 보호 속에서 유지되는 반면, 유령의 (비)존재는 고정관념의 그러한 기만을 폭로하는 것을 유일한 존재 이유로 갖기 때문이다.

유령

1959년 12월 16일에 진행되었던 세미나에서 프로이트의 표상 이론에 관한 논평을 하면서 라깡은 유령에 관하여 이야기한다. 먼저 라깡의 이야기를 들어보자.

모든 철학자의 질문들이 본질적으로 특징지어지는 표상의 문제에 관하여, 프로이트는 다음과 같이 규정합니다. 즉, 세계와의 관계에 있어서 그것은 쇠진한 주이상스, 창백한 몽마夢魔나 유령들 또는 텅 빈 신체로서 특징지어질 뿐입니다. 프로이트는 이러한 유령적 간단히 말해서, 프로이트는 표상을 전혀 믿을 수 없으며 심지어는 꿈속에 등장하여 처녀들의 영혼을 욕보이는 몽마, 유령과 같은 것에 불과한 것으로 간주했으며, 라깡은 바로 이러한 프로이트의 세계 인식으로부터 자신의 정신분석의 토대를 구성해 나가고자 했던 것이다. 여기서 표상이라 말해지는 것은 우리가 세계를 만나도록 하는 이미지, 상징, 기호들의 총체라고 할 수 있다. 표상이 없다면 인간은 세계를 생각할 수도, 이해할 수도, 볼 수도, 들을 수도, 촉각할 수도 없다. 그런데 바로 이 표상이 거짓말하는 유령들이며, 왜곡하는 사기꾼들이었다는 것이 프로이트의 발견이다. 이러한 관점을 이어받은 라깡은 세계를 거대한 환상의 극장으로 간주하며, 자신의 정신분석의 실천 목표를 '환상의 횡단'으로 설정한다. 그런데, 환상의 세계가 강제하는 미로의 혼돈을 가로지르기 위해서 필요한 것은 역설적이게도 또 다른 유령이다. 만일 환상으로서의 세계의 표상들이 자신들의 유령적 속성을 은폐하는 차원에서 유지되고 있다면, 이 또 다른 유령은 오히려 세계의 질서가 환상에 불과하다는 것을 폭로하는 유령이며, 자신이 유령임을 숨기지 않는 유일한 유령, 그리하여 현재의 질서를 붕괴시키는 유령이며, 몰락을 재촉하는 유령이다.

정신분석에서는 이것을 '증상'이라고 부른다. 정신분석 임상의 차원에서 증상은 환자의 세계관을 위협하고, 마침내는 그것을

---

3 [Freud] il lui assigne jusqu'à l'extême le caractère […], celui d'un corps vide, d'un fantôme, d'un pâle incube de la relation au monde, d'une jouissance exténuée qui en fait à travers toute l'interrogation du philosophe le trait essentiel. Et en l'isolant dans cette fonction, Freud l'arrache à la tradition.

포기하도록 만드는 무의식의 전령이고, 분석 과정은 바로 이러한 전령을 따라 무의식의 가장 밑바닥에 존재하는 텅 빈 허무의 공백에 도달하는 여정으로 구성된다. 물론, 공백에 도달하는 것이 끝은 아니다. 환자는 그곳, 환멸의 땅인 동시에 억압된 주이상스의 영토인 그곳을 새로운 환상의 가능성에로 개방할 것을 요청받는데, 그러나 이번에는 타자의 지배로부터 보다 자유로운 환상이며, 보다 덜 뒤틀린 욕망의 경제 속에서의 환상이어야 한다.

증상이라는 유령은 이러한 여정을 이끌어주는 길잡이의 역할을 한다. 만일 이것이 정신분석 임상의 차원에서 파악되는 유령의 개념이라면 보다 일상적이며 인문학적인 차원에서의 이해는 다음과 같을 수 있다. 즉, 유령이란 우리의 삶이 겉보기처럼 주체적인 것도, 자유로운 것도, 행복한 것도 아니라는 사실을 폭로하는 사건과 같다. 그것은 우리의 의식이 느슨해지는 한밤의 은밀함을 틈타 마음속에 찾아드는 불안과 같다. 유령은 우리의 삶이 타자의 욕망을 반복하는 꼭두각시의 인형극에 불과했다는 것을 폭로하며, 그러한 인형극이 부여하는 쾌락이 오히려 삶을 마비시키는 아편 효과에 불과하다는 것을 알려준다. 바디우라면 이것을 존재의 질서를 정지시키는 사건의 출현이라고 불렀을 것이다. 만일 세계의 일관된 질서가, 환영인 그것이, 그럼에도 강압적인 그것이 정지되는 지점을 균열의 장소로 이해한다면, 유령은 바로 그러한 균열, 혹은 엄밀한 의미에서 공백이라고 불러야 할 그것의 출현을 알리는 사건이며, 증상이다. 유령은 바로 그러한 방식으로 공백을 소환한다. 세계의 질서가 우리에게 강제하는 이미지와 스스로를 동일시하면서 자신의 정체성을 정립하던 주체는 유령에 의해 소환된 공백을 단순한 혼돈으로, 질서의 부재로, 혹은 죽음으로 간주하려 들 것이다. 그러나 때로는 유령에 매혹당한 주체가 출현하기도 한다. 바디우를 따르자면, "사건에 충실한 주체"가 그것이다. 이때 주체는 유령이 소환한 공백에 자신을 동일시할 것이다. 물론, 공백은 텅 빈 것이므로 그것과의 동일시는 텅 빈 주체를 출현시킨다. 그리고 텅 빈 것은 다시 채워져야만 한다. 그리하여 모든 것이 다시 시작되어야 하는 창세기적 절차가 그곳에 자리 잡는다. 라깡이 1960년 4월의 세미나에서 강조했던 것처럼, 진리의 문제에 있어서 유일하게 무신론적인 가능성은 엑스 니힐로, 즉 창세기적 진리관뿐이다. 쉽게 말해서, 비워지지 않는다면 새로 시작될 수 없으며, 20세기와 21세기적 진리 개념은 새로이 창안되는 자아라고 하는 발생론적 진리관으로서만 가능하다는 것이다. 유령은 바로 이러한 진리관을 설명하기 위해 필자가 고안해낸 개념이며, 라깡의 인문학을 보충하는 개념이다.

진리

다시 한 번 강조하건대, 진리는 공백이다. 그것은 없으며, 동시에 없음의 형식으로 거기에 있다. 그것은 언제나 새로이 창조될 것을 기다리는 장소, 또는 시간이다. 그것은 우리의 미래이며,

'가능성'이라는 일상의 용어가 포함할 수 있는 가장 본질적인 것을 의미한다.

주체

주체는 그러한 진리의 순간에 매혹당함 자체이다. 엄밀한 의미에서 실체로서의 주체란 없다. 우리의 의식 상태 중에서 가장 주체에 가까운 것은, 어떤 주체성의 환영에도 자신을 개방하지 않는 완고한 고독의 순간이라고 할 수 있다. 어떤 고정관념에도 자신을 내어주지 않으려는 노력. 세계를 의미의 공백으로 유지하려는 투쟁. 주체의 개념은 그것에 아주 가깝다. 그럼에도 저항 자체가 주체는 아니다. 그것은 자신을 비워내기 위해 이미 어떤 종류의 지식을 사용하고 있으며(예를 들면 라깡의 이론이나 바디우의 철학), 따라서 이미 타자의 지식에 종속되어 있는 셈이다. 따라서 주체는 의식적 상태라기보다는 현재의 지식을, 고정관념을 흔들고 균열을 생산하는 사건에 매혹당하는 절차들, 그리하여 그러한 절차에 참여하는 자아의 자기 망각과 같은 것, 그러한 과정 그 자체이다. 주체가 자신의 주체성을 확인하는 것은 그와 같은 절차들을 사후적으로 회고함으로써인데, 그때는 이미 더 이상 그는 주체가 아닐 것이다. 주체의 개념이란 그렇게 언제나 뒤늦게 확인되는 (유령에) 매혹당함의 절차들이다.

엄밀한 의미에서 유령은 어디에나 있다. 모든 표상이 유령인 이상 세계 자체가 유령인 셈이니까 말이다. 다만 그러한 표상들을 유령으로 간주하기 위해서 사건이 필요할 뿐이다. 이 책은 바로 그러한 유령적 사건이 출몰하는 지역들을 임의적으로 선별하여 소개한다.

첫 번째 장에서는 정신분석 임상이라는 영토에서 출현하는 유령을 소개한다. 이를 위해서 필자는 세계를 한 편의 추리소설로 은유했다. 왜냐하면, 정신분석 임상이 전개되는 과정은 환자와 분석가의 짝이 그들의 무의식에 숨겨진 미스터리한 비밀을 탐사하는 탐정소설의 여정과 닮아 있기 때문이다. 은유를 위해서 필자는 '셜록 홈즈' 시리즈로 유명한 코난 도일, 그리고 『롤리타』로 잘 알려진 블라디미르 나보코프의 소설 「세바스천 나잇의 진짜 인생」이라는 텍스트를 소개한다. 우리의 인생-소설을 지배하는 목소리의 진짜 주인공이 누구인지를 밝히려는 이러한 시도는 이어지는 세 번째 이야기, '거식증 여인을 치료하는 정신분석가'의 사례를 이해하는 데 중요한 단서로 사용된다.

두 번째 장에서는 알랭 바디우의 사건의 존재론을 다루면서 라깡에서 바디우로 이어지는 주체 이론의 친밀성을 강조하고, 그곳에서 출현하는 유령들의 흔적을 탐사한다. 이를 위해서 역시 소설 하나가 사용되는데, 폴 오스터의 옴니버스 수설집 『뉴욕 3부작』에 포함된 중편소설 「유리의 도시」가 그것이다. 뉴욕이라는 미로에 갇힌 한 남자의 기이한 탐정 놀이의 은유 속에서 필자는 바디우의 사건의 철학이 어떻게 라깡의 증상 개념과 연결되는지를 밝히고자 했다. 그곳에서는 유령의 출현뿐만 아니라 어떻게 우리 스스로가 유령이 될 수 있는지에 대한 방법론적 탐사가 이루어진다.

세 번째 장은 여성적 욕망에 관한 이야기다. 남성적 욕망의 응시에 의해 조율되는 여성의 이미지를 다루는 이 장에서는 드라마의 문화적 현상을 분석하고, 신디 셔먼이라는 현대 예술가의 작품들을 소개한다. 소포클레스의 「안티고네」를 마지막으로 언급하면서 필자는 여성적 욕망이 진정으로 의미하는 것이 무엇인지, 그것은 유령적 욕망은 아닌지를 묻는다. 만일 법과 질서에 복종하는 것을 남성적 욕망의 본질이라고 한다면, 세계를 변화시키는 유령적 욕망의 자리에 소외된 여성들이 있는 것은 아닌지를 질문하려는 것이다.

네 번째 장은 조형예술의 영역이다. 특히 회화의 영역을 다루는 이곳에서는 그림의 유령에 매혹당한 필자의 개인적 경험을 소개했다. 우리는 어떻게 진리를 추구하는 동시에 삶의 매혹을 즐길 수 있을까, 혹은 지상의 양식을 포기하지 않으면서도 올바른 삶을 추구할 수 있을까에 대한 질문을 던진다. 이를 위해 필자는 에곤 실레를 비롯한 19세기 상징주의 미술들을 이야기하고, 어떻게 '타락'하는 것이 윤리적인 삶을 살아가는 데 필수적인 절차인지를 논증한다. 심지어는, '타락하지 않는다면' 그리하여 삶의 몰락을 적극적으로 실현하지 않는다면 삶의 진리는 실현될 수 없다는 유령적 진리관을 논증하려 한다.

이렇게 구성된 각각의 장들은 라깡학파의 정신분석이라는 이론적 틀을 중심으로 해석된 문학(1장)과 철학(2장)과 대중문화(3장)와 회화(4장)를 다루는 것으로 이해되어도 무방하다. 혹은, 고정관념의 지배와(1장), 그로부터의 일탈(2장)과, 일탈된 욕망의 자리(3장)와, 그러한 욕망의 타락한 매혹(4장)을 말하는 것으로 이해되어도 좋다. 각각의 장들은 유기적으로 연결되어 있으며, 이러한 연결을 통해 필자는 단 한 가지를 목표로 삼았는데, 그것은 독자를 유령으로 만드는 것이다. 타락한 이미지들에 매혹당하고, 그리하여 타자의 지배에 반항하기 시작하면, 자아의 몰락을 초래하는 유령이 필연적으로 출현한다. 이 책은 그러한 유령의 출현을 옹호하고, 심지어는 유령-되기를 촉구한다. 그것 없이는 삶의 진리가 시작조차 될 수 없음에 동의할 것을 주장한다.

고독의 매뉴얼

초판 1쇄   2015년 10월 20일
초판 5쇄   2024년 9월 30일

지은이   백상현
편집   김아영, 곽성하
제작   세걸음

펴낸곳   위고
펴낸이   이재현, 조소정
등록   2012년 10월 29일 제406-2012-000115호
주소   경기도 파주시 돌곶이길 180-38 1층
전화   031-946-9276
팩스   031-946-9277

ⓒ 백상현, 2015

ISBN 979-11-86602-05-8 03100

hugo@hugobooks.co.kr
hugobooks.co.kr

───

한국출판문화산업진흥원 2015년 우수출판콘텐츠 제작지원 사업 선정작입니다.